Sylvia Wetzel

Einladung zur Muße

SYLVIA WETZEL

Einladung zur Muße

KREUZ

FSC
www.fsc.org
MIX
Papier aus verantwortungsvollen Quellen
FSC® C106847

www.kreuz-verlag.de

Umschlaggestaltung: agentur IDee
Umschlagmotiv: © shutterstock

Satz: Arnold & Domnick, Leipzig
Herstellung: fgb · freiburger graphische betriebe
www.fgb.de

Printed in Germany

ISBN 978-3-451-61152-0

Inhalt

Zur Einstimmung

Wann haben Sie sich das letzte Mal einen ganzen Tag frei gefühlt? Frei *von* allen Verpflichtungen, frei von der strengen inneren Stimme, die meint: „Du musst unbedingt... du solltest auf jeden Fall..." Frei von der verführerischen Stimme, die lockt: „Schau dir doch diesen Film an. Lies doch diesen spannenden Artikel..." Und frei *für* das, was Ihnen am Herzen liegt, auch wenn ihre Nachbarn und Freundinnen das für unwichtig oder langweilig halten?
Wann haben Sie sich das letzte Mal ein paar Tage, vielleicht ein ganzes Wochenende frei gefühlt von dem nagenden Grundton des „Sollte, hätte, wäre, müsste"? Viele Menschen klagen darüber, dass sie zu wenig Zeit haben. Einerseits haben wir viel mehr Zeit zur „freien" Verfügung als unsere Eltern, Großeltern und deren Eltern,

denn wir müssen nicht mehr vierzehn Stunden am Tag für unseren Lebensunterhalt arbeiten. Andererseits haben die meisten Menschen zu wenig Zeit. Und je weniger Zeit wir subjektiv „haben“, desto schwerer fällt uns Gelassenheit. Denn unter Druck fallen wir zurück auf die ältesten Muster. Und dann verschanzen wir uns hinter einer Mauer aus Gleichgültigkeit und Coolness und halten das dann für Gleichmut oder Gelassenheit.

Was tun wir mit der Zeit, die wir „haben“? Haben wir sie oder hat sie uns? Meine Lieblingsphilosophin Hannah Arendt definiert Muße sinngemäß als die Zeit, die wir „frei von äußeren und inneren Zwängen“ verbringen. Frei *von* Aufgaben und Pflichten und frei *für* das, was uns am Herzen liegt. Das bedeutet auch frei sein von dem inneren Druck, dieses oder jenes unbedingt machen zu müssen, frei sein von der inneren Unruhe, die uns nicht erlaubt, „Zeit zu verplempern". Muße ist mehr als freie Zeit. Sie ist mehr als Phasen der Entspannung, die wir uns gönnen, wenn wir viel gearbeitet haben. Wir „hängen ab" nach der Arbeit, reden vielleicht mit vertrauten Menschen oder lesen Zeitung, um „runter zu kommen". Wir erholen uns so von den vielen Eindrücken und Impulsen, die ein Leben in dieser schnelllebigen Zeit mit sich bringt. „Fahrzeit ist Arbeitszeit" hieß es früher, und Zeiten der Entspannung gehören streng genommen auch zur Arbeitszeit. Wir müssen uns nach viel Arbeit wieder regenerieren, entspannen und auftanken, runterkommen und Kraft schöpfen.

Viele Menschen leiden heutzutage unter Leistungsdruck, Ängsten und fehlender Muße. Es gibt aber auch Menschen, die durch Krankheit oder Arbeitslosigkeit aus der Gesellschaft „herausgefallen" sind. Sie

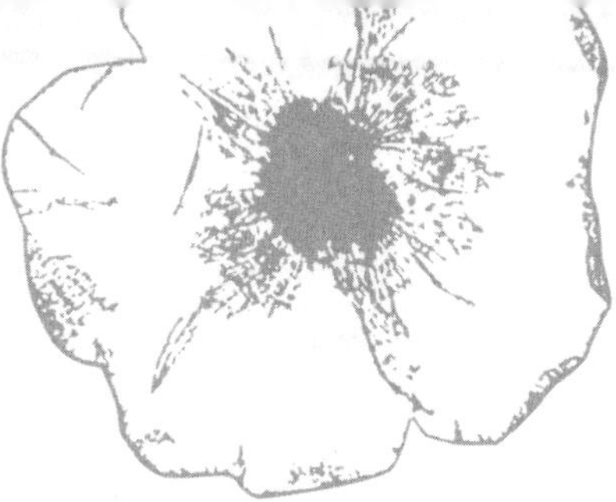

haben scheinbar zu viel Zeit, denn sie wissen nichts mit sich anzufangen. Das finden wir leichter heraus, wenn wir stabile Kontakte zu anderen Menschen haben, denen wir uns zugehörig fühlen. Da, wo wir wohnen, gibt es sicherlich ehrenamtliche Projekte, die Menschen suchen, die ihre Fähigkeiten einbringen wollen. Das ist auch mein Rat an Menschen, die sich mit sich selbst langweilen oder nirgendwo zugehörig fühlen: Suchen Sie sich eine Aufgabe in Ihrem Viertel. Dort lernen Sie Menschen kennen, können Ihre Fähigkeiten einbringen und diese weiter entwickeln. Dieses Büchlein richtet sich in erster Linie an Menschen, die zu viel tun, unter dem Druck äußerer und innerer Zwänge. Aber auch Menschen, die „zu viel" Zeit haben, können vielleicht von den Überlegungen über Sinn und Bedeutung von Muße profitieren.

Muße meint aber noch viel mehr als Entspannung. Wenn wir uns frei von bestimmten Verpflichtungen fühlen, sind wir – zumindest potentiell – frei für „das Wesentliche". Muße eröffnet uns einen inneren Raum, in dem wir selber denken lernen und vielleicht sogar die Grenzen des Denkens entdecken. Das sind die beiden zentralen Elemente eines kontemplativen Lebens, der *vita contemplativa.* Wir kennen sie unter dem Namen Philosophie – im besten Sinn ist das die Kunst des Selberdenkens – und Religion, die uns in ihren besten Varianten lehrt, die Grenzen des Verstandes zu entdecken und nicht daran zu verzweifeln. Nicht alle Menschen interessieren sich dafür, aber einige. Aber wenn sich in einer Gesellschaft niemand mehr für diese Themen interessiert, wird das Leben eindimensional und flach. Wir fühlen uns dann als hilflose Opfer einer globalisierten Wirtschaft, die jedes Maß und Ziel verloren hat, außer einem: Geld verdienen. Aber das reicht nicht aus für ein gutes Leben. Das stellen inzwischen sehr viele Menschen in wohlhabenden Ländern mit Erstaunen fest.

Bis zur Reformation galt das kontemplative Leben als das höhere: beten und über „Gott und die Welt“ nachdenken galt als das eigentliche Leben. Das war möglich, weil viele Menschen sich der *vita activa* widmeten. Sie arbeiteten viel und sorgten für die zum Leben notwendigen Dinge: Nahrung und Kleidung, Häuser und Möbel, Infrastruktur und die zwar nicht lebensnotwendige aber doch so lebensfördernde Kultur usw. Seit der Reformation steht das aktive Leben im Zentrum der Aufmerksamkeit. Das Gute daran ist, dass das aktive Leben, die messbare und fassbare körperliche und geistige Arbeit, wertgeschätzt wird. Der große Nachteil ist, dass seither das kontemplative Leben als unwichtig, ja sogar als parasitär gilt. Auch aus diesem Grund fällt uns heutzutage das Innehalten so schwer. Es ist kein Wert mehr, weil wir uns in erster Linie auf das Fassbare und Machbare fixieren und das Staunen verlernt haben.

Meine These ist: Weil wir – nicht nur die einzelnen, sondern auch die gesellschaftlich einflussreichen Menschen – nicht mehr wissen, was Muße ist, und sie nicht pflegen, wissen wir nicht mehr, was wir wirklich wollen. Und solange wir das nicht wissen, leben wir „das Leben der Anderen". Wir

„gehorchen“ der Werbung, und dafür brauchen wir Geld und deshalb müssen wir soviel arbeiten. Weil wir keine Muße haben, fällt es uns so schwer, Gegenmodelle zum heutigen Turbo-Leben zu entwickeln. Stattdessen stürzen wir uns „bedenkenlos“, d.h. ohne nachzudenken, in immer neue Projekte und Aktivitäten. Wir arbeiten und lesen zu viel, schauen zu viel fern und reden zu viel und organisieren selbst unsere freie Zeit nach einem genauen Plan. Wir tun das, weil wir es verlernt haben, allein in einem Zimmer zu sitzen und unsere Seele baumeln zu lassen. Wir machen für unser hektisches Leben gerne Sachzwänge verantwortlich, aber diese Sachzwänge schaffen wir Menschen uns selbst, weil wir die Ruhe nicht aushalten. Wir wollen unterhalten werden, auch wenn uns dieses ständige Tätigsein aus Unruhe an den Rand des Nervenzusammenbruchs bringt.

Manche denken jetzt, dass strukturiertes Meditieren die Lösung ist. Solange wir aber den Modus der Muße – frei von äußeren und inneren Zwängen – nicht kennen, meditieren wir im aktiven Modus, im Leistungsmodus. Dann wird Meditation zu einem weiterer Termin, zu einer weiteren Aufgabe, die wir zu erfüllen haben. Und das geht schief. Gerade zum Meditieren brauchen wir Muße, und um sie zu entdecken, brauchen wir Interesse und Zeit und ein gewisses Maß an Enttäuschung mit dem hektischen Leben. Wer nicht unter Leistungsdruck leidet, kennt entweder Zeiten der Muße, oder braucht sie (noch) nicht.

Mein Vorschlag ist schlicht. Wir beginnen damit, dass wir ab und zu – ein, zweimal am Tag für fünf Minuten – auf unsere körperlichen Empfindungen, Gefühle und emotionalen Muster, auf Stimmungen und Gedanken achten, denn dann spüren wir mehr, *wie* angespannt wir oft sind. (Übung: Den Atem spüren, Ende Kapitel III S. NN) Das kann uns Mut machen, immer wieder innezuhalten und darüber nachzudenken, was uns wirklich am Herzen liegt. (Übung: Sternstunden, Ende Kapitel IV, S. NN) Dazu gehört für die meisten Menschen: Zeit für sich haben und Beziehungen genießen. Zeit für entspannte Gespräche und das Beisammensein mit vertrauten Menschen. Immer wieder Zeiten, in denen wir unbeschwert von Aufgaben die Seele baumeln lassen können, spazieren gehen, Märchen oder Gedichte lesen, mit Kindern und Haustieren spielen. Zeit, um sich an den kleinen Dingen des Alltags zu erfreuen: Wind und Wetter, Natur und Kultur, Alleinsein und Beisammensein. Gerade mit diesen kleinen Dingen lernen wir wieder staunen und entdecken so immer wieder das Wunder des Lebens.

Kleine Kinder entwickeln leicht Selbstvertrauen und Wohlbefinden, wenn sie mit anderen verbunden fühlen und immer wieder unstrukturiert vor sich hin spielen können. Das ist sicherlich auch ein guter Tipp für Erwachsene: Kontakt und Raum sind notwendige Bedingungen für Selbstvertrauen und Wohlbefinden, für Kinder und Erwachsene, meint der buddhistische Psychotherapeut John Welwood.

Dieses Büchlein enthält eine Reihe von Texten, die uns zum Innehalten inspirieren können. Innehalten und mit allen Sinnen da sein ist *die* Voraussetzung für Gelassenheit und ein kluges Umgehen mit unserer Zeit, für ein Leben ohne Angst, mit der Fähigkeit zu staunen und mit dem Mut, dem Raum zu geben, was wir für sinnvoll und wesentlich halten. Diese fünf Leitthemen geben den ausgewählten Texten eine „leise" Struktur. Manche Zitate könnten auch an einer anderen Stelle stehen. Aber das Wichtige ist für uns nicht die Stringenz der Argumente, sondern der Wunsch, mit dieser subjektiven Auswahl ihr Herz zu berühren. Denn nur das, was uns berührt, kann uns auch motivieren, etwas Neues oder ganz Altbekanntes auszuprobieren. Wie für alle Vorschläge gilt auch hier: Es gibt nichts Gutes, außer man tut es. In diesem Kontext bedeutet das Gute, das wir tun können, auch mal fünf gerade sein lassen und Aktivitäten streichen, denn weniger ist mehr. Wir wissen das theoretisch, aber unser Leben wird spürbar leichter, wenn wir uns unstrukturierte Freiräume gestatten, Zeiten der Muße. In solchen Momenten kommen wir in Kontakt mit einem Selbstvertrauen und einem Wohlgefühl, das nicht auf Leistung beruht, sondern auf der Verbundenheit mit allem, was ist und allem, was lebt. Wir lernen wieder, selber denken und spüren, was uns am Herzen liegt. Wenn wir dann das, was wir im Alleinsein, in der Stille entdecken, auch mit vertrauten Menschen austauschen, entsteht ein Kontext von Bedeutung, der unser Leben auch dann trägt, wenn es schwierig wird. Und das zeigt sich dann als echte Gelassenheit, die auf Vertrauen und Klarheit beruht.

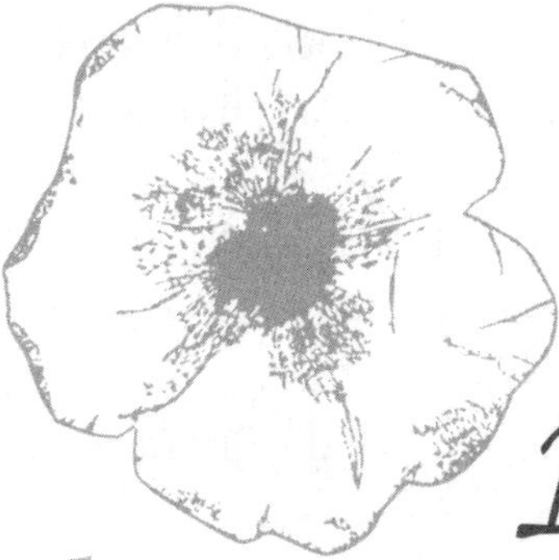

1 Gelassen werden

Gelassen werden

Den einzelnen Moment genießen

Sich über schöne Erfahrungen zu freuen ist klüger, als darüber zu jammern, dass sie so selten sind. Das machen wir nämlich oft. In einem Moment von Freude und Ruhe und Klarheit seufzen wir: „Ach, das kommt viel zu selten vor, es ist so schade drum!" Schwupp, ist die Freude wieder weg.

Wenn wir eher auf Mangel programmiert sind, denken wir vielleicht in einem Moment von Sonnenschein und Frieden: „Ja, davon will ich jetzt mehr haben! Das sollte häufiger so sein." Dann ist die Freude gleich wieder weg. Das machen wir leider auch oft. Wir versuchen die äußeren Umstände festzuhalten. Wenn das Gespräch schön läuft, sagen wir: „Jetzt musst du noch eine Stunde länger da bleiben." Wenn das

Essen besonders gut schmeckt, isst man mehr als man verträgt. Wir denken, es muss morgen genau so sein wie heute, damit dasselbe Glücksgefühl entsteht. Aber das klappt natürlich nicht. Diese Reaktionen zerstören die Freude wieder: Festhalten an den äußeren Umständen, Gier nach mehr oder Angst, dass es nicht lange anhält oder Bedauern, dass es schon wieder vorbei ist.

Ethik und die Quelle der Anspannung

Im Reden und Verhalten möchten wir manchmal sehr gerne authentisch sein, auch wenn wir andere dabei verletzen. Hätten wir beim Essen und Trinken, beim Rauchen und Reden, beim Computerspielen, Fernsehen und Zeitunglesen die gleiche Sorge um ein Zuviel oder Zuwenig, wären wir vermutlich alle schlanker, gesünder und weniger durcheinander. Doch rechtfertigen wir mit dem Hinweis auf Authentizität meist nur das eigene Verhalten. Das ist nicht leicht zu verändern oder ganz abzulegen. Spielregeln und Hausordnungen, ethische Regeln und Höflichkeit schützen uns und andere vor heftigen Gefühlen und schlechten Gewohnheiten. Sie sind ein Schutz in schlechten Zeiten, wenn wir die

Welt durch die graue oder schwarze Brille sehen, uns Leute auf die Nerven gehen oder wir unsicher sind. Wenn uns das Gespür für andere Menschen fehlt und wir nicht wissen, wie wir das Beste in uns und anderen fördern können, stützen wir uns auf Benimmregeln und ethische Richtlinien. Dann üben wir zumindest die erste Ebene der Ethik: Wir verletzen nicht bewusst und gezielt andere Menschen.

Das bewusste Unterdrücken von verletzenden Impulsen macht weder neurotisch noch krank. Was uns krank macht, sind Angst und Abwehr, Anspannung und Ärger, die wir nicht genau wahrnehmen. Weil wir sie nicht bemerken, projizieren wir sie gerne auf andere. Dann leiden wir unter den unangenehmen Mitmenschen und merken nicht, dass die Quelle der Anspannung in uns liegt.

Alles wirkliche Leben ist Begegnung

Eine gemeinsame Sprache entsteht zwischen Menschen, die miteinander leben. Das Ich-Gefühl entsteht im Zusammenleben mit anderen Menschen. „Ich werde am Du. Ich werdend spreche ich Du. Alles wirkliche Leben ist Begegnung." So formulierte es der jüdische Philosoph Martin Buber. Wir brauchen andere, um Mensch zu werden. Seit Anfang des zwanzigsten Jahrhunderts gibt es ein neues Phänomen: Die Massengesellschaft, in der sich gewachsene Beziehungsnetze auflösen und das Individuum fast verschwindet. Das Gefühl, „ich selbst" zu sein, hat mit einem Leben in Beziehungen, mit vielen Dus zu tun. Wie wirkt sich die Massengesellschaft auf unser Ich-Gefühl aus und auf die Art und Weise,

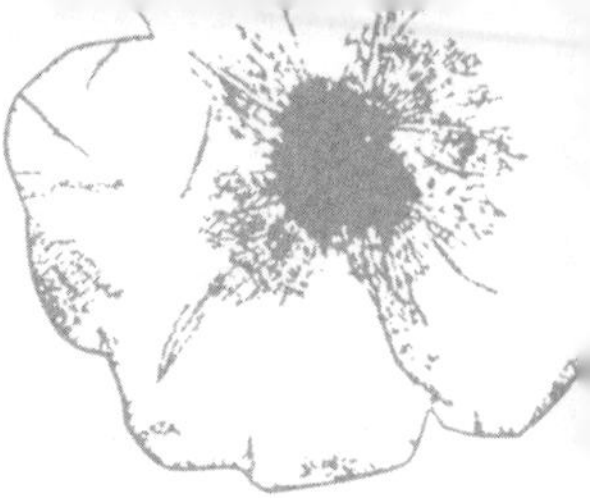

wie wir miteinander reden? Wir leben in einer Zeit, in der sich unsere Beziehungen drastisch verändern, und zwar in allen Bereichen, persönlich und beruflich, gesellschaftlich und politisch. Das geschieht so schnell, dass wir innerlich kaum mithalten können und uns oft desorientiert und verloren fühlen. Und dies verringert unsere Fähigkeit, Beziehungen einzugehen und mit anderen vertrauensvoll zu reden.
Eine Folge ist, dass wir alle Hoffnungen auf unsere sogenannten Liebesbeziehungen richten. Damit ist jede Zweierbeziehung überfordert. Diese eine Person an unserer Seite soll uns all die Sicherheit und Wertschätzung, Geborgenheit und Anerkennung geben, die Menschen bis vor zwei, drei Ge-

nerationen in ihren vielfältigen Beziehungen in der Blutsfamilie und Ortsgemeinde, im beruflichen Umfeld und in der Kirchengemeinde erlebt haben. Und auf diese eine Person richten sich dann alle Wünsche nach Kommunikation und Austausch, nach Gesehen- und Gehörtwerden. Das kann nicht gut gehen. Jede Person ist damit überfordert, und auch daher halten Zweierbeziehungen immer weniger. Zusätzlich macht die Veränderung der Geschlechterrollen das Zusammenleben schwieriger.

Wir genießen einerseits mehr Freiheit, erleben aber ohne die traditionellen Beziehungsnetze sehr viel weniger Sicherheit und Geborgenheit. Und es gibt weniger gemeinsame Orte und regelmäßige Anlässe, wo wir mit vertrauten Menschen über uns und die Welt reden. Zeitgeist, Wirtschaft und Kultur erlauben uns mehr Freiheiten als zuvor, aber gerade das macht es nicht leicht, verbindliche Beziehungen einzugehen. Wenn wir uns dann auf neue Experimente einlassen, auf eine Patchwork-Familie oder ein Hausobjekt, wird es noch schwieriger. Dann sagen nicht nur zwei, sondern gleich vier, fünf oder zehn Menschen, wo es langgehen soll. Wir haben noch keine Gesprächskultur entwickelt, die dem Rechnung trägt. Mehrheitsentscheidungen funktionieren in solchen Gruppen nicht, und Konsensentscheidungen dauern ewig. Wie wollen wir „demokratisch" miteinander leben, wenn alle bestimmen wollen und niemand nachgeben möchte? Auch hier gibt es keine Patentrezepte. Wir können aber miteinander reden und gemeinsam nach Weisen einer heilsamen und heilenden Kommunikation suchen.

Zum guten Streiten gehört Verbundenheit

Ein unbedachtes Wort kann zwanzig gute Jahre zerstören. Vor kurzem erzählte mir eine Psychotherapeutin nach einem Vortrag, dass es etwa fünf gleich starke gute Situationen braucht, um eine emotionale Verletzung zu heilen. Da habe ich geschluckt. Ich wusste sofort: Das stimmt. Es geht nicht darum, ob die Zahl fünf „stimmt" oder es eher vier oder sieben sind.

Es geht darum, dass es mehr gute als schlechte Situationen sein müssen. Wenn zwei sich uneins sind und einen großen Schatz an guten Erfahrungen miteinander haben, brauchen sie keine Angst vor heftigen Auseinandersetzungen zu haben. Wenn eine Beziehung aber noch nicht stabil ist oder auf der Kippe steht, muss man jedes Wort buchstäblich auf die Goldwaage legen. Dann kann Schweigen Gold sein.

Konstruktive Gespräche

Was brauchen wir für konstruktive Gespräche? Die Einsicht, dass wir nicht wissen. Wenn wir unsere Gedanken nicht als Gedanken erkennen, sondern für „heilige" Wahrheiten halten, können wir solche Gespräche nicht führen. Das heißt nicht, dass wir keine Standpunkte brauchen. Es fördert aber die Kommunikation, wenn wir sie bemerken und begreifen, dass jeder Standpunkt, wie das Wort sagt, nur ein Standpunkt ist, und damit einseitig.

Wenn wir unsere Meinung nicht als eine unter vielen erkennen, sondern für wahr und wirklich halten, bleiben wir trotzdem unsicher und suchen nach Argumenten, die uns unterstützen. Wir halten unsere Sicht der Dinge für objektiv und wollen sie weiter objektivieren. Dabei unterstützen uns die Gesellschaft und der ganze akademi-

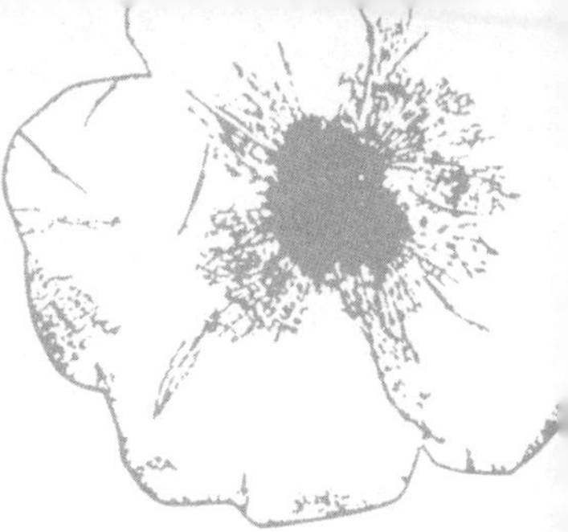

sche und politische Betrieb. Wer viele kluge Leute zitieren kann, hat mehr Recht, als der, der nur auf seine Freunde verweisen kann, die das Gleiche denken. Wir können an Sir Raimund Poppers Falsifikationskriterium denken und spaßeshalber einmal nach Erfahrungen und harten Fakten suchen, die unseren Ansichten widersprechen. Wir lernen am einfachsten andere Meinungen kennen, wenn wir zuhören und Fragen stellen. Und uns mit Menschen unterhalten, die anders sind und denken als wir.

Eine weitere Voraussetzung für konstruktive Gespräche ist der Wunsch, Neuland zu entdecken. Wenn wir im eigenen Saft schmoren, bewegen wir uns im Bekannten. Wir denken das, was wir immer schon gedacht haben, selbst wenn ab und zu eine neue Idee hinzukommt. Der amerikanische Philosoph Ken Wilber nennt das „Flachland". Karl Jaspers bezeichnete seinen Kollegen Hegel als einen „Einsarger", weil der für alles eine Schublade hatte.
Leben ist ein Risiko und Denken ist es auch. Mit anderen zusammen macht die Reise des Lebens mehr Freude, und sie ist unterhaltsamer, allerdings auch stets eine Herausforderung. Beziehungen sind konstruktiv, wenn wir uns zeigen und die anderen sehen können. Ohne Beziehungen können wir uns selbst nicht erkennen.

Klartext reden

Wann ist der rechte Zeitpunkt für ein klärendes Gespräch? Wann ist es sinnvoll und konstruktiv, „Tacheles“ zu reden und die Wahrheit zu sagen? Dafür gibt es keine Patentrezepte. Wir müssen spüren, wann die andere Person dafür offen ist. Wenn beide Parteien relativ entspannt sind und Zeit haben, geht es leichter. Und – wenn wir begreifen, dass unsere Sicht der Dinge nur *eine* Sicht ist.

Das Herz zum Tanzen bringen

Aber wie entstehen neue Einstellungen? Nur indem wir sie ausprobieren. Auch der erste Griff auf der Gitarre klingt nicht gut. Es braucht viele Versuche, bis wir eine Melodie begleiten können. So ist das auch mit heilenden Gefühlen: Wir probieren sie so lange aus, bis unser Herz von allein folgt und zu tanzen beginnt. Selbst wenn wir am Anfang noch gekünstelt oder gewollt mit Freundlichkeit „experimentieren", spüren die Menschen um uns, dass sich die Atmosphäre verändert.

Mit sich selbst im Reinen sein

Wer mit sich selbst entspannter und leichter umgehen kann, spürt auch, was andere brauchen. Wir werden die überarbeitete Kollegin dann nicht zwei Minuten vor Arbeitsschluss auf einen schwelenden Konflikt ansprechen, sondern auf einen günstigen Zeitpunkt warten und uns aktiv um eine entspannte Atmosphäre bemühen. Unsere Mitmenschen merken schnell, wenn wir selbst weniger unter Druck stehen. Sie fühlen sich hingezogen zu Menschen, die mit sich im Reinen sind. Selbst schwierige Menschen tauen auf und zeigen ihre charmanten Seiten, wenn wir ihre Stärken unterstreichen und ihre Schwächen mit mehr Humor nehmen.

Bewusst eine Rolle spielen

Manche Leute kennen folgende Erfahrung: Wenn sie die Eltern besuchen, und es gibt Spannungen, sagen sie sich: „Ich *spiele* jetzt die Rolle der liebenswürdigen, erfolgreichen, kompetenten Tochter". Es ist leichter, das zwei Tage oder sechs Stunden durchzuhalten als wenn wir versuchen, die erfolgreiche, kompetente Tochter zu *sein*, denn das glauben wir uns ja selber nicht.

Lehrerinnen sagen mir, es ist leichter, vor einer schwierigen Klasse zu bestehen, wenn man sich vornimmt: Ich spiele die kompetente durchsetzungsfähige Lehrerin, die mit einer schwierigen Klasse umgehen kann. Es ist leichter, eine Rolle zu spielen, als den Anspruch an sich zu stellen: Ich muss so sein. Wir wissen, wir sind mehr als diese Rolle, und wir wissen auch, diese Rolle ist nicht völlig festgelegt. Wir haben Spielraum und beim Spielen entdeckt man noch mehr Spielraum. Bewusst eine Rolle spielen ist etwas anderes, als wenn wir unbewusst die Fünfjährige spielen. Das macht uns und den anderen das Leben schwer.

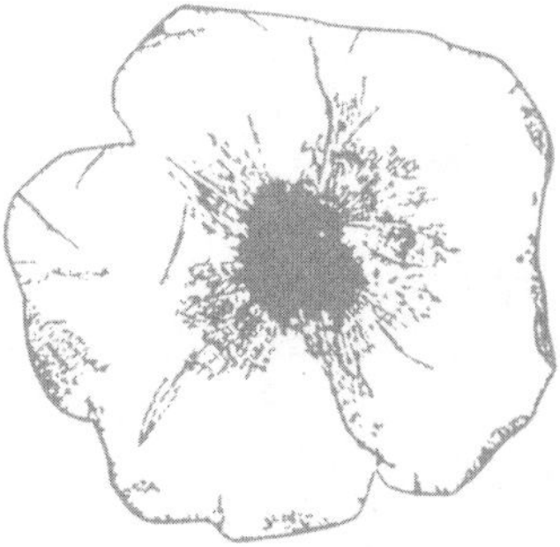

Wir dürfen alles erwarten

Erwartungen führen dann nicht zu persönlichen und politischen Dramen, wenn wir sie bemerken. Das ist der erste Schritt. Es geht nicht darum, „nichts mehr von anderen zu erwarten“. Wir dürfen alles erwarten: Dass sie immer pünktlich und locker, gut gelaunt und kompetent, sensibel und hochmotiviert sind. Dass es in der Welt gerecht zugeht und sich nicht alles nur ums

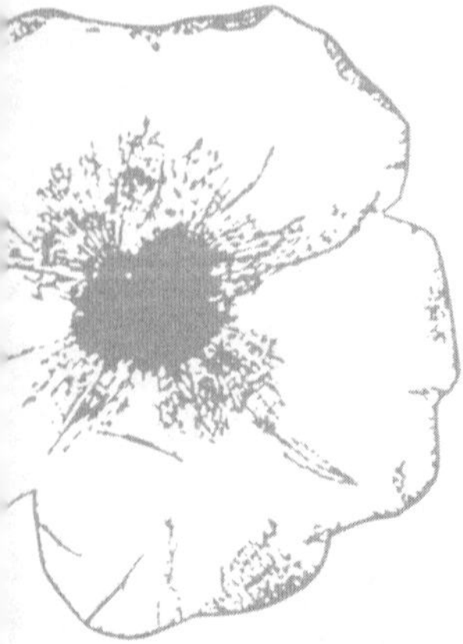

liebe Geld dreht. Dass sich gute Umstände nie zum Schlechteren verändern und schlechte Bedingungen zum Besseren, und zwar immer und sofort. Wir dürfen alles erwarten, von uns und von anderen. Wir sollten nur wissen, dass es lediglich Erwartungen sind. Dann sind wir offener für das, was tatsächlich geschieht. Dann regen wir uns nicht nur auf, sondern können unsere Energie, Intelligenz und Lebenserfahrung dafür einsetzen, das Beste aus der Situation zu machen.

Alarmsignale verstehen

Jedes Mal, wenn wir uns ärgern, hatten wir eine Erwartung, die sich nicht erfüllte. Denken Sie daran: Es heißt „*sich* ärgern". Mit unseren unbewussten Erwartungen ärgern wir uns selbst, und dann geben wir anderen die Schuld. Ärger und Enttäuschungen sind wunderbare Alarmsignale. Sie weisen auf unbewusste Wünsche und unrealistische Vorstellungen hin. Eigentlich könnten wir jedes Mal jubeln, wenn wir enttäuscht wurden, weil wieder einmal eine Selbsttäuschung aufgedeckt wurde.

Einsicht befreit von Sorgen

Alle Sorgen verschwinden durch *Einsicht,* die höchste Freude. Wer die Dinge sieht, „wie sie sind", hat den Schlüssel zu Freude und innerem Frieden gefunden. Auch wenn man dieses hochgesteckte Ziel buddhistischer Schulung für sich gar nicht anstrebt, kann man sich doch einige Ratschläge zu Herzen nehmen. Schon mit wenigen grundlegenden Einsichten wird das Leben leichter. Wer die Vor- und Nachteile seiner Mitmenschen, der Umstände und Dinge einigermaßen realistisch sieht, hadert nicht mehr so häufig mit der Vergangenheit und

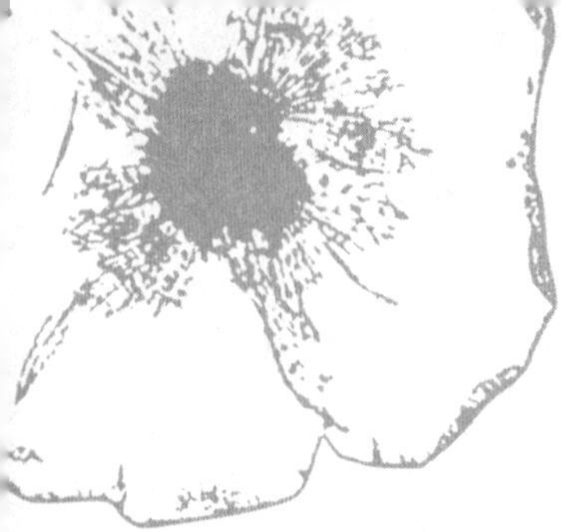

fürchtet sich weniger vor der Zukunft. Wir bemerken unrealistische Erwartungen, die sich nie erfüllen werden, schneller. Wir verschwenden unsere Energie nicht damit, flache und einseitige Vorstellungen von unseren Mitmenschen zu pflegen, sondern schauen genauer hin. Wenn wir unsere Schwächen und die unserer Mitmenschen kennen, rechnen wir mit ihnen und versuchen damit umgehen zu lernen. Wir erwarten nach fünf Jahren nicht mehr, dass die notorisch unpünktliche Kollegin ihre Arbeit rechtzeitig erledigt, und ärgern uns darum auch nicht, wenn sie sich einmal mehr verspätet. Wir sehen ihre Schwächen, vergessen darüber aber nicht ihre Stärken. Wir nehmen ihre ausgleichende Wirkung auf das Team wahr und schätzen ihre Großzügigkeit. Unsere Mitmenschen haben, genau wie wir selbst, Stärken und Schwächen. Wer beides kennt, kann das Beste daraus machen.

Sinneseindrücke, Verbundenheit, Sammlung und Einsicht sind Quellen der Freude. Wenn wir uns im Alltag bewusst auf diese Quellen konzentrieren, schaffen wir Freude und lösen Unruhe und Sorgen auf.

Zwei Ebenen des Glücks

Vielen Menschen fällt Freude schwer, weil sie sehr unruhig sind. Aus innerer Unruhe lesen wir beim Essen Zeitung und genießen weder den leckeren Salat noch das Feuilleton. Beim Fernsehen erledigen wir Anrufe oder kümmern uns um den Bügelberg. Obwohl wir es längst besser wissen, geben wir uns der Illusion hin, unsere Lebensfreude werde größer, wenn wir „die Dosis erhöhen“: mehr Musik, mehr Ausflüge, mehr lesen, mehr telefonieren. Die innere Unruhe bleibt, wir übertünchen sie nur mit Aktivitäten. Weil niemand ständig betriebsam sein kann, suchen wir den Ausgleich in völliger Erschlaffung: Dann wollen wir mit nichts und niemandem mehr etwas zu tun haben, fühlen uns dabei aber häufig nicht sehr lebendig.

Ist der ganze Körper beteiligt, fällt auch unruhigen Menschen Sammlung leichter. Mit Freude und Hingabe im Garten werkeln ist Labsal für nervöse Menschen. Gemeinsam singen und tanzen, Theater spielen und wandern haben eine ähnliche Wirkung. Wir achten dabei ganz natürlich auf uns und andere, sind mit dem Herzen bei der Sache und erleben gleich zwei Ebenen des Glücks: *Sammlung* und *Verbundenheit.*

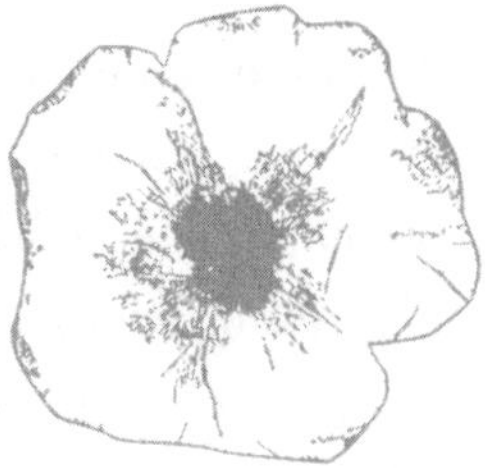

Übung: Welche Fähigkeiten an mir schätze ich?

Wir setzen uns in einer stillen Minute gemütlich in den Garten oder aufs Sofa und denken an unsere guten Eigenschaften.

Wir können mit einfachen Fähigkeiten anfangen:
Ich kann gut schreiben und rechnen, Fahrrad und Auto fahren, einen Computer bedienen, Unkraut jäten und Suppe kochen.

Dann denken wir an all unsere speziellen Fähigkeiten und persönlichen Stärken: Ich kann gut zuhören, Dinge gut erklären, eine Wanderung organisieren, aus Nichts ein gutes Essen improvisieren, Baumarkt-Regale zusammenbauen, Beiträge schreiben, Tiere zeichnen, einen Reifen wechseln und vieles mehr.

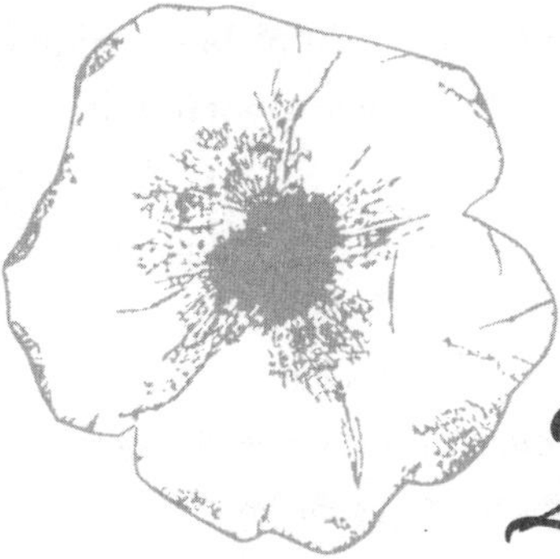

2

Spielräume entdecken

Spielräume entdecken

Wer keine Zeit hat, hat keine Seele

Bezahlte Arbeit, mit der wir unseren Lebensunterhalt verdienen, ist eine wichtige Grundlage des Lebens. Aber sie ist nicht der Zweck und erst recht nicht der Sinn des Lebens. Leben hat viele Dimensionen, und ohne Muße vergessen wir das. Wer keine Zeit hat, hat keine Seele, meinte der Kulturphilosoph Jean Gebser kurz nach dem zweiten Weltkrieg. Als ich das 1982 las, ergriff mich ein Schrecken, der mich heute noch motiviert, sorgsam mit meiner Zeit umzugehen.

Zwei Arten von Zeit

Wir haben alle gerne Zeit, aber wir haben auch viele Ideen und Pläne. Manchmal ist es eine Gratwanderung, manchmal ein Pendeln von einem Extrem ins andere. Große Pläne, viele Vorhaben, viel Arbeit, und dann, am Wochenende – oder wann auch immer – der Zusammenbruch.

Interessanterweise ist das ein Problem, das nicht nur normale Menschen draußen in der Welt haben. Es bleibt auch ein Problem für Menschen, die meditieren, Zentren organisieren, die sich Entspannung, Innenschau und ein anderes Verhältnis zu sich, zu anderen und zu Dingen, nämlich die Gegenwärtigkeit, zum Ziel setzen. Zeit ist ein großes Thema. Es gibt unterschiedliche Arten von Zeit. Ich möchte zwei Arten erwähnen.

Das eine ist die lineare Zeit, Griechisch chronos, das ist die Zeit, die von A nach B geht, von der Vergangenheit über die Gegenwart zur Zukunft. Sie kennen den alten Begriff für Uhr: Chronometer, Zeit-Messer. Die Zeit, die man misst, die vergeht, die man haben will, aber nicht hat, die man verlieren kann, von der man viel oder wenig hat. Bei der linearen Zeit geht es um Quantität. Diese Zeit hat immer mit Denken zu tun, mit Zielen, Produkten, mit etwas, das man erreichen will. Man ist hier und will doch woanders hin. Das andere ist die Qualität der Zeit, Griechisch kairos. Das ist eine Erlebensdimension, die mit Gegenwärtigkeit zu tun hat und sogar mit Zeit-Losigkeit. Es gibt also Zeit als Quantität oder Qualität.

Zeit schenken

Wir schenken Zeit. Zeit ist nicht nur Geld. Sie ist menschlich sehr, sehr wertvoll. Wir schenken Aufmerksamkeit. Auch da muss man schauen, was man geben kann. Man muss überlegen: „Kann ich eine halbe Stunde oder nur eine viertel Stunde telefonieren?" Wenn man merkt, es geht nicht mehr, sagt man: „Ich würde jetzt gerne aufhören." Es ist nicht sehr sinnvoll, alles Geld zu verschenken, das man braucht, um Miete und Essen zu bezahlen. Das ist nicht sehr intelligent und hat auch nichts mit Großzügigkeit zu tun, sondern eher mit Dummheit. Wenn es für mich stimmt, was ich gebe, ist es in Ordnung. Das merkt man dann hinterher. Man gibt also entweder Materielles oder man gibt Zeit. Das kann man in kleinen Portionen üben, und der Weg der Übung ist: Man tut es.

Trägheit oder Energieblockaden

Energie kann blockiert werden, und zwar durch drei Arten von Müdigkeit oder Faulheit. Erstens: Faulheit aus Abwehr: „Oh nein, das kann ich nicht leiden.“ Wenn es ums Abwaschen oder Keller aufräumen geht: „Oh nein, keine Lust, ich habe höhere Prioritäten, ich lese lieber.“ Zweitens: Energiemangel aus mangelndem Selbstvertrauen: „Steuererklärung? Oh, wenn ich nur dran denke, schlafe ich schon ein. Das kann ich nicht.“ (*mit Jammerstimme*) In den Bodhisattva-Lehren wird mangelndes Selbstvertrauen als Faulheit definiert. Eigentlich ist das klar, diese Art Müdigkeit kennen wir alle. Wenn wir das Gefühl haben: „Ich kann keinen Artikel schreiben, ich kann das neue Textprogramm nicht in-

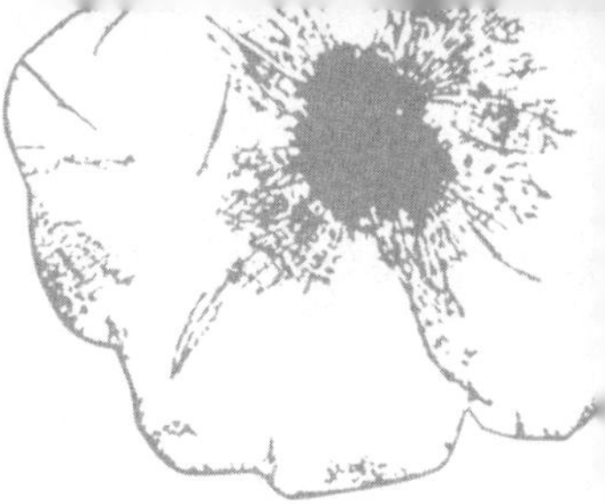

stallieren, ich kann das Fahrrad nicht reparieren, ich kann keine drei Gänge für fünf Leute kochen“, wenn man das denkt, wird man sofort müde.
Die dritte Art von Faulheit oder Energie-Blockade erkennen wir auf den ersten Blick nicht als Faulheit: „Ich habe sooo viel zu tun, leider habe ich gar keine Zeit.“ Das ist die deutsche Geschäftigkeit. Es geht hier um das Beschäftigtsein mit Unwesentlichem, es geht um falsche Prioritäten. Wir wissen alle, wenn unsere Prioritäten klar sind, dann haben wir alle Energie der Welt. Zumindest alle, die wir brauchen.

Trägheit auflösen

Bei Trägheit und Abwehr hilft pflichtbewussten Menschen die Einsicht in die Notwendigkeiten: „Ich sortiere meine Unterlagen nicht gerne, aber morgen läuft die Frist ab, also mache ich es." Wir können uns auch, bevor wir uns an ungeliebte Erledigungen setzen, ein oder zwei Stunden mit unserer aktuellen Lieblingsarbeit befassen. Das macht Freude, hebt unsere Stimmung, wir fühlen uns wohl – und schon gibt es kaum noch Abwehr. Wer ein mitfühlendes Herz hat, lässt sich leicht motivieren, wenn die Arbeit anderen zugutekommt.
Was können wir bei Trägheit aus mangelndem Selbstvertrauen tun? Manche Arbeiten schieben wir wochenlang vor uns her. Wir lassen das neue Regal unausgepackt im Keller stehen, arbeiten lieber mit dem alten Textprogramm weiter, statt das neue aus-

zuprobieren, setzen uns einfach nicht an das Gutachten, das wir schreiben wollen. Selbst wenn wir hoch motiviert die Ärmel aufkrempeln und zupacken wollen, fällt uns plötzlich ein, dass wir unbedingt zuerst noch in Ruhe eine Tasse Tee trinken oder uns eine halbe Stunde auf den Balkon in die Sonne legen müssen. Die Wahrheit ist, dass wir die Arbeit aufschieben, weil wir sie uns nicht zutrauen. Bei dieser Form der Trägheit hilft nur „learning by doing“: anfangen und ausprobieren. Wichtig ist, dass wir uns nicht unter Leistungs- und Erfolgsdruck stellen. Wenn wir uns erlauben, Fehler zu machen, wird unsere Neugier erwachen und uns helfen, einen für uns passenden Weg zu finden, diese Arbeit zu erledigen.

Am schwierigsten ist es, mit der Trägheit zurechtzukommen, die sich mit dem Mantel der Geschäftigkeit verkleidet: „Ich komme leider auch heute nicht dazu, den Keller aufzuräumen. Ich muss unbedingt zuerst den Artikel zu Ende lesen." – „Ich habe den Abwasch stehen lassen, ich muss unbedingt mit meiner Mutter telefonieren." Wir drücken uns vor dem, was aussteht, und berufen uns auf wichtigere Tätigkeiten. Wir sind zu beschäftigt, um den Augenblick zu genießen. Wir müssen die Zukunft planen, hadern mit der Vergangenheit oder weinen ihr nach. Was hält uns ab von dem, was jetzt gerade ansteht? Was blockiert die Kraft, in der Gegenwart zu leben? Der springende Punkt sind unsere Prioritäten: Was mir wichtig ist, dafür finde ich Zeit. Und das, was ich tatsächlich tue, zeigt, was mir wichtig ist. Tun, was uns am Herzen liegt, gibt Kraft.

Prioritäten setzen

Manchmal fragt man sich: „Was sind meine Prioritäten, und was tue ich den ganzen Tag?“ Dabei entsprechen die Prioritäten dem Prinzip der Sammlung beim Meditieren. Prioritäten sind das, worauf ich mich konzentrieren kann und sage: „Das ist mir wichtig, da stecke ich meine Energie hinein.“ Wenn das etwas klarer ist, können wir die vorhandene Energie besser ausrichten. Das Interessante ist nun, wenn man etwas Sinnvolles tut, hat man auch mehr Energie. Eine klare Ausrichtung oder Sammlung erzeugt mehr Energie, während Abwehr Energie „frisst“. Deswegen haben wir auch so wenig Energie, wenn wir zu etwas keine Lust haben. Wir sagen dann: „Jaja, das mache ich heute Nachmittag!“ Kaum setzen wir uns an die Arbeit, fällt uns ein: „Ach, ich mache doch lieber zuerst ein Mittagsschläfchen, und außerdem muss ich noch Zeitung lesen." Jedes Mal, wenn wir uns an eine ungeliebte Arbeit machen, werden wir schnell müde, aber wenn wir etwas anderes tun, das uns interessiert, dann sind wir wach.

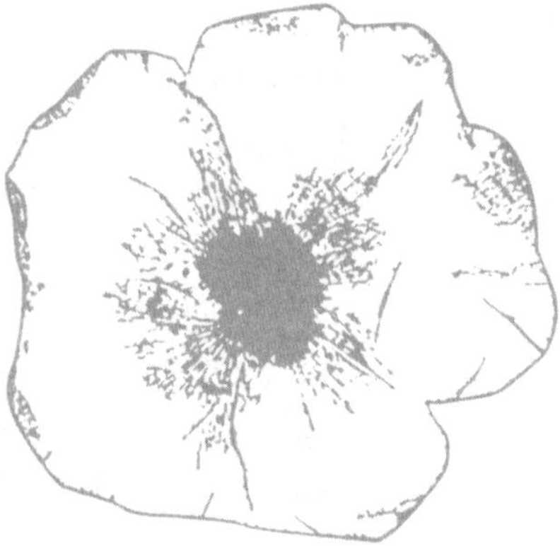

Auch Zeitdruck vergeht

Wenn man unter Zeitdruck steht, hilft der Gedanke: „Auch der Zeitdruck geht vorbei. Das ist nicht immer gleich." Das wäre ein Heilmittel gegen die Neigung, Schwierigkeiten auf ewig hochzurechnen. Wenn ich denke: „Ich stehe so unter Druck, ich werde in den nächsten beiden Monaten kein einziges freies Wochenende haben!", dann werde ich gleich so müde, dass ich sofort ein freies Wochenende brauche, oder mir eine Grippe genehmige und mich ein Wochenende lang ins Bett lege.

Es gibt keine normalen Tage

In meinen mittlerweile fast vierzig Jahren Selbstständigkeit, seit Mitte der 1970er Jahre, habe ich noch keinen einzigen normalen Tag erlebt und noch keine normale Woche. Ich denke immer wieder: „Nächste Woche wird ganz ruhig, da habe ich nicht viel zu tun." Aber dann kommt jemand zu Besuch oder mein Computer stürzt ab, die Nachbarin wird krank und ich hüte das Kind, oder das Auto muss zur Reparatur oder ich brauche einfach länger, weil ich schlecht geschlafen habe und nicht in Form bin. Es gibt keine normalen Tage, keine normalen Wochen und keine normalen Monate, und es gibt auch keine normalen Leute.

Das Verrückte ist: Die meisten Arbeitsplätze sind so konzipiert, dass sie nur dann funktionieren, wenn die Leute in Hochform sind, nichts schiefgeht, und niemand im Urlaub oder krank ist. Aber irgendjemand macht immer gerade Urlaub oder ist krank, und es hat immer jemand mal einen schlechten Tag. Es gibt immer Kollegen, die eigentlich kompetent sind, aber vielleicht zu Hause gerade Probleme haben, und man kann sie an dem Tag „vergessen“.

Sich selbst entlasten

Weil ich selbstständig bin, muss ich mir Pläne machen. Also überlege ich mir sonntags oder montags, was ich in der nächsten Woche machen werde. Dann schaue ich am Wochenende, was ich geschafft habe, und ich versuche, daraus zu lernen, damit ich mir nicht doppelt soviel vornehme und dann sage: „Wenn ich mich etwas zusammenreiße, schaffe ich das. Ich muss nur die Daumenschrauben etwas andrehen. Dann stehe ich eben früher auf und gehe später ins Bett und arbeite etwas schneller." Das ist die deutsche Variante: sich einfach etwas mehr anzustrengen. Das kann man ab und zu einen Tag oder eine Woche machen, das ist in Ordnung, aber nicht monatelang. Das geht nicht gut.

Man muss nicht müssen

Man hat keine Zeit, wenn man die Qualität des Augenblicks nicht mehr erlebt, sondern sich primär in Gedanken bewegt und Vorstellungen, Ansprüche, Erwartungen oder Ziele hat. Problematisch sind nicht so sehr die Vorstellungen selbst, sondern die Tatsache, dass man nicht merkt, dass man Vorstellungen hat: „Ich habe jetzt keine Zeit.

Ich muss das unbedingt heute noch erledigen, und das muss bis morgen fertig sein.“ Man muss das überhaupt nicht machen! Natürlich kann es unangenehme Konsequenzen haben, wenn ich bestimmte Dinge nicht bis zum abgemachten Zeitpunkt erledige. Trotzdem ist es erst einmal eine Arbeitshypothese, wenn wir sagen: „Ich muss das bis fünf Uhr fertig haben.“

Manchmal kann man sich fragen: „Wer hat denn gesagt, dass das bis morgen fertig sein muss?“ Wenn man abhängig beschäftigt arbeitet, ist das etwas schwerer nachzuvollziehen. Ich bin immer schon selbstständig gewesen und kann leider niemanden die Schuld zuschieben, wenn mein Schreibtisch voll ist. Ich kann mir das immer nur selber zuschreiben. Zeitdruck hat damit zu tun, welche Ziele ich mir setze und wie realistisch – oder unrealistisch – ich meine Fähigkeiten einschätze oder die Zeit, die ich dafür brauche.

Ich habe Mitte der 1980er Jahre, in unserem Meditationszentrum in Bayern, etwas ausprobiert. Wenn mich jemand fragte: „Können wir das innerhalb von einer Woche erledigen? Bis wann könnt ihr das machen?“ – egal, ob es um Programmgestaltung, den Anstrich eines Zimmers oder um das Einkaufen ging, habe ich die geschätzte Zeit – vielleicht drei Tage oder sieben Stunden – einfach verdoppelt. Denn ich wusste, wenn ich etwas zeitlich plane, habe ich oft eine Idealvorstellung im Kopf. Dann gehe ich davon aus, dass ich in Hochform bin und auch die anderen topfit sind, dass alles funktioniert und nichts dazwischen kommt, und dann könnte man das in sieben Stunden oder drei Tagen schaffen.

Spielräume entdecken

Wenn man Gedanken als Gedanken erkennt, ist man aus dem Schneider. Wenn wir bemerken, der Gedanken: „Du bist eine blöde Kuh!“ ist nur ein Gedanke, glauben wir es nicht mehr völlig naiv. Solche Gedanken sind nicht schlimm. Wir haben alle Muster, Vorlieben und Abneigungen. Wir haben aber auch die Chance, aus den Mustern auszusteigen, wenn wir sie bemerken. Wenn man merkt, Gedanken sind einfach nur Gedanken, sind sie nur halb so schlimm. Wenn man denkt: „Ich bin eine blöde Kuh, ich schaffe das nicht, ich müsste das unbedingt schaffen“, und dann merkt, das sind bloß Gedanken, das ist nicht die objektive Realität und keine Offenbarung der inneren Weisheit, dann entspannen wir uns und halten nicht mehr naiv an der Vorstellung fest.

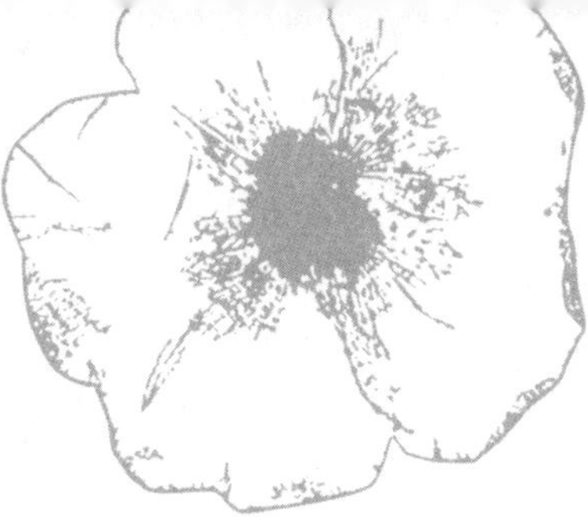

Manchmal denken wir: „Das muss ich heute Abend um sieben fertig haben." Wenn wir dann merken, das ist bloß ein Gedanke, spüren wir eine große Erleichterung. Vielleicht habe ich es jemand versprochen, aber dann kann ich anrufen und sagen: „Ich habe mich verschätzt, ich schaffe es nicht." Das kann man nicht immer machen, aber so könnte man anfangen. Der Punkt ist nicht, dass man in dem Moment, in dem man Gedanken als Gedanken erkennt, überhaupt nichts mehr tut, aber der innere Druck lässt nach. Wir haben alle unendlich viel mehr Spielraum als wir wahrnehmen. Und diesen Spielraum entdecken wir, wenn wir Gedanken als Gedanken erkennen.

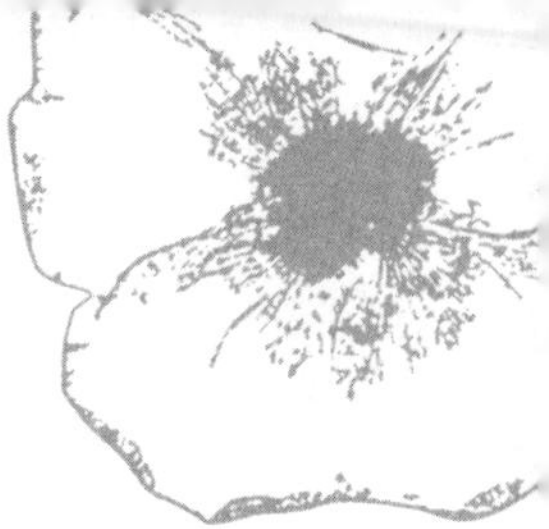

Übung: Mach mal Pause!

Man weiß inzwischen, dass kleine Pausen oder gar ein Mittagsschläfchen das Weiterarbeiten erleichtern, weil man danach frischer ist. Viele Tests, z. B. in Japan, haben bewiesen, dass die Leute hinterher fitter sind als die Menschen in den Ländern, in denen Mittagsschläfchen nicht erlaubt sind, z. B. in Deutschland. Jetzt richten manche Firmen Ruheräume für ihre Mitarbeiter ein, damit sie sich zehn oder fünfzehn Minuten im abgedunkelten Raum entspannen und hinterher besser arbeiten können. Es gibt Leute, die machen das auf dem Bürostuhl, auch das kann sehr hilfreich sein. Man muss natürlich sehen, wie sich das vereinbaren lässt, aber man kann sich ab und zu innerlich Pausen genehmigen, um die Qualität der Zeit zu spüren. Echte Pausen sind Momente der Präsenz und damit qualitative Zeit.

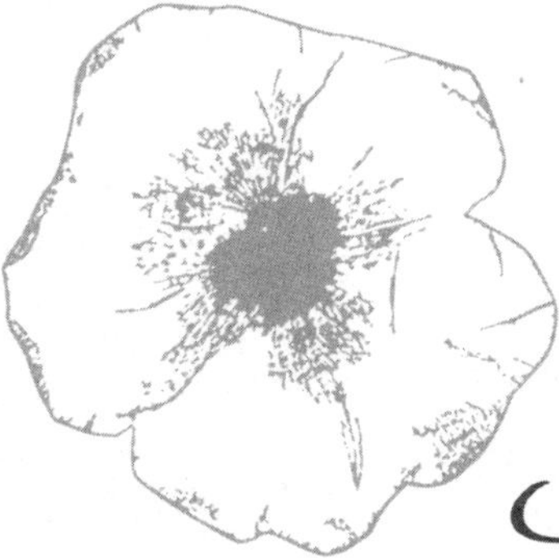

3

Leben ohne Angst

Leben ohne Angst

Ich will anders sein, als ich bin

„Ich will anders sein, als ich bin." Das schafft nach meiner pädagogischen Statistik fünfundneunzig Prozent unseres Leidens. Dahinter steht der Wunsch, überhaupt jemand Stabiles, Eindeutiges sein zu wollen. Der Wunsch nach einer klaren Identität, auf die ich den Finger legen und über die ich sagen kann: „So bin ich und so bleibe ich, mit meinem ganzen Leibe – ich!", sorgt für fünf Prozent Grundleiden. Um ein rigides Selbstbild klar und deutlich als – durchaus sinnvolle aber doch bloß ausgedachte – Konstruktion zu durchschauen braucht es mehr Meditationserfahrung als die meisten Menschen haben, auch die, die regelmäßig

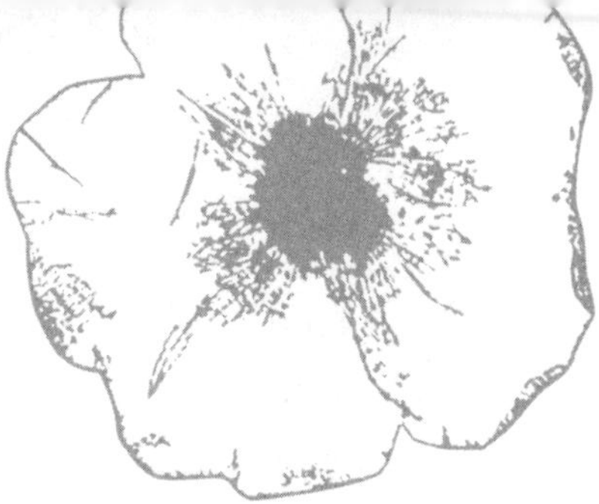

meditieren. Aber es reicht schon, wenn wir die fünfundneunzig Prozent Leiden um ein paar Prozent verringern können.
Anders sein zu wollen, als man ist, erzeugt zusätzlich zu den fünf Prozent Grundleiden fünfundneunzig Prozent Leiden, weil man gerne andere Qualitäten hätte als die, die man gerade hat. Ich wäre gerne größer, kleiner, dicker, dünner, intelligenter, gesprächiger oder stiller. Oder ich leide, weil ich lieber temperamentvoller, ruhiger, energetischer, weicher, hingabefähiger, durchsetzungsfähiger und was auch immer sein will.

Der Witz ist, ich habe meine Liste wünschenswerter Eigenschaften und Fähigkeiten, und die anderen haben andere Listen. Man selbst sagt: „Du bist genauso, wie ich gerne sein würde, aber leider bin ich nicht so, wie *ich* gerne sein würde.“ Und jemand anders sagt dann: „Du bist genauso, wie ich gerne sein würde.“ Auch da ist es so, dass das Gras auf der anderen Seite des Zaunes immer grüner scheint. Die anderen Menschen scheinen immer intelligenter, stabiler, schöner und reicher. Oder aber sie sind scheinbar doofer, dümmer und unspiritueller als ich.

Wir brauchen Menschen wie die Luft zum Atmen

Das Wort Angst ist verwandt mit dem Wort Enge. Eine zentrale Bedingung für Angst ist das Gefühl der Abgetrenntheit, des engen Gefangenseins im eigenen Ich. Wir fühlen uns allein in einer viel zu großen Welt, ohne Kontakt zu den Ebenen der Weite und Liebe in uns selbst, ohne Kontakt zu anderen Menschen, zur Natur und einem uns bergenden Gesamtgefüge des Lebens. Wir spüren nur noch unser isoliertes und machtloses kleines Ich, fühlen uns mit nichts verbunden, nichts und niemandem zugehörig, weder einer Gruppe von Menschen noch einem geistigen Zusammenhang.

Das ist nicht allein ein individuelles Problem. Wenn wir unsere heutige Zeit betrach-

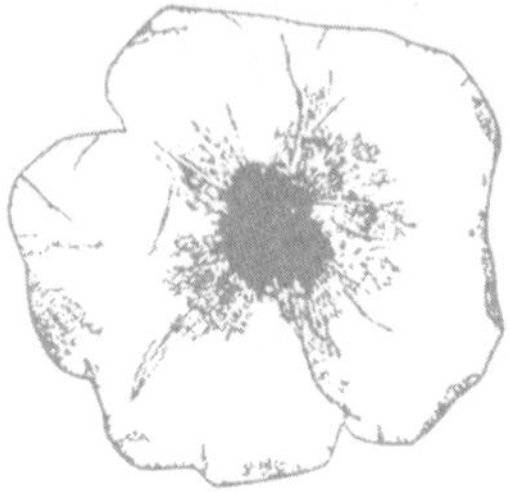

ten, fällt uns schnell auf, wie sehr es vielen Menschen an sozialer Einbindung und Zugehörigkeit fehlt. Die meisten Menschen in den gegenwärtigen westlichen Gesellschaften sind nur noch wenig eingebettet in stabile soziale Gefüge wie Herkunftsfamilie, Dorf, Stadtteil oder Kirchengemeinde. Selbst die Berufswelt fällt als Orientierungsrahmen mehr und mehr weg, Arbeitslosigkeit nimmt zu oder droht beständig. Wir müssen so flexibel arbeiten, dass wir uns kaum mehr in einem Betrieb, einer Branche oder an einem Ort verwurzeln können. Lebenslanges Lernen bedeutet auch die lebenslange Bereitschaft, sich entwurzeln und selbst im fortgeschrittenen Alter wieder neu verpflanzen zu lassen – zumindest ist das die offizielle Ideologie auf dem Arbeitsmarkt.

Der gesellschaftliche Umbruch der Moderne – weg von der stabilen Einbindung, hin zu wechselnden sozialen Zusammenhängen – bedeutet sicherlich auch mehr Freiheit in der persönlichen Lebensgestaltung. Vor allem Frauen können leichter als je zuvor zwischen unterschiedlichen Lebensmodellen wählen. Mutterschaft, Beruf, Singledasein, Beziehungsleben: Alles das ist in den verschiedensten Kombinationen lebbar, je nach Bedürfnis und Lebensphase. Auf dieses Mehr an Freiheit wollen wir alle nicht mehr verzichten. Es ist aber nicht umsonst zu haben. Der Preis ist eine gewisse Unsicherheit, die wir mal mehr, mal weniger spüren. Einerseits fühlen wir uns weniger eingeschränkt durch soziale Rollen und Netze, gleichzeitig empfinden wir unser Dasein als weniger geborgen und verbunden. Alleinsein und Alleinleben mag unseren Freiheitsdrang befriedigen, als soziale Wesen leiden wir jedoch unter Einsamkeit, wenn wir lediglich kurzfristige und unverbindliche Beziehungen kennen. Kein noch so interessantes äußeres und inneres Leben kann tragfähige soziale Netze ersetzen. Wir brauchen Menschen, mit denen wir uns regelmäßig und verbindlich treffen, die uns persönlich kennen, mit denen wir gemeinsame Werte teilen, mit denen wir Feste feiern und etwas unternehmen. Keine kluge Philosophie der Einsamkeit kann das soziale Bedürfnis der Menschen wegdiskutieren. Auch gute Psychotherapie und eine stabile Meditationspraxis sind kein Ersatz für ein lebendiges und kontinuierliches Miteinander.

Leben ohne Angst

Zuerst muss man eine Ahnung haben, sich den Gedanken erlauben, dass es vielleicht möglich sein könnte, dass man wach ist und sieht, was ist und dass man keine Angst hat. Wir haben auch manchmal keine Angst, aber nur, weil wir nicht sehen, was ist. Wir machen die Augen zu, wir hören nicht hin, und dann sagen wir: „Es ist alles perfekt. Es ist alles wunderbar. Ich denke mir eine andere Welt aus. Ich stelle mir vor, du bist anders, ganz anders. Du bist genauso wie ich es gerne hätte. Ich höre nicht hin, was du sagst, ich schaue nicht hin, was du tust,

ich stelle es mir einfach vor." So schaffen wir es, dass wir manchmal für Momente keine Angst haben.
Aber hinschauen und sehen was ist, innen und außen, bei den anderen und bei uns selber, sehen, was ist, ohne Angst, und mit innerer Offenheit und Weite damit umgehen, das muss man sich zuerst einmal vorstellen können.

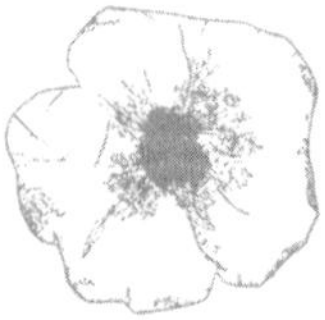

Verantwortung übernehmen

Verantwortung für unser Verhalten zu übernehmen muss nichts mit Schuldgefühlen zu tun haben. Um Verantwortung so übernehmen zu können, dass wir selbst und andere davon profitieren, brauchen wir eine gute Einschätzung unserer Stärken und Schwächen. Dann tun wir in jeder Situation unser Bestes und sind darauf gefasst, dass die Dinge auch manchmal schief laufen. Weil wir genau hinschauen, sehen wir unsere Schwächen und die der anderen und wissen, dass wir die komplexen Situationen unseres Lebens nie vollständig mit all ihren Faktoren überschauen können. Mit dieser Einsicht bleiben wir offen für neue Gesichtspunkte, die unsere Mitmenschen einbringen und die uns die Umstände lehren. Fehlschläge gehören einfach dazu, weil wir nicht alles im Griff haben. Auch diese

Einstellung nehmen die Menschen in unserer Umgebung instinktiv wahr. Wenn wir nicht den Anschein der Vollkommenheit erwecken, nimmt uns niemand unsere Fehler wirklich übel. Kollegen und Nachbarinnen, Kinder und Eltern, Freundinnen und Freunde setzen uns weniger unter Druck, wenn sie unsere Klarheit spüren.

Übertriebene Erwartungen an uns selbst produzieren Schuldgefühle. Wie jeder Mensch brauchen wir Wohlwollen und Freiräume. Wenn wir unsere Stärken und Schwächen kennen, können wir Verantwortung so übernehmen, dass wir selbst und andere davon profitieren.

Es ist, wie es ist

Es ist, wie es ist: Das ist ein sehr kluger Satz. Er klingt banal, aber es ist, wie es ist. Vielleicht habe ich Kopfschmerzen und bin müde, bin schlecht beisammen, habe keine Energie, der Computer stürzt ab, und über mir wohnt jemand, der morgens um fünf Uhr trampelt oder singt oder nachts um

zwei Uhr Rock-Musik hört. Es ist, wie es ist. Gehen wir damit ohne Angst um und machen wir das Beste daraus? Damit ist nicht gemeint: „Machen wir eben das Beste daraus, es ist zwar alles katastrophal, aber besser geht es eben nicht.“ Wir sagen manchmal: „Du musst eben das Beste daraus machen“, und wir denken dabei: „Aber eigentlich ist es furchtbar.“

Es ist, wie es ist, und ich mache das Beste daraus, das Beste, was unter diesen Bedingungen, mit meiner Verfassung und mit deiner Verfassung und unter diesen konkreten Umständen möglich ist. Das, was bei *dem* Wetter, bei *den* politischen Verhältnissen und beim Krieg im Kosovo (*Der Vortrag wurde 1999 gehalten.*) von uns getan werden kann. Das Beste, was man jetzt und heute daraus machen kann, das tun wir. Gemeint ist nicht: „Das Beste wäre, wenn ich besser beieinander wäre, wenn die sozialen und ökonomischen Verhältnisse anders wären, wenn das Wetter anders wäre, und wenn meine Wohnung anders wäre." Auch nicht gemeint ist: „Wenn meine Eltern anders gewesen wären, wenn ich etwas anderes studiert hätte, wenn ich einen anderen Beruf gelernt hätte, dann, ja dann könnte ich jetzt richtig leben."

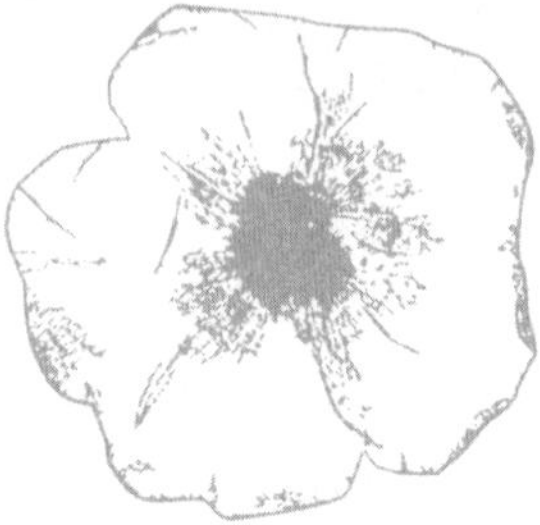

Merken, was wir denken

Das ist das Geniale an uns Menschen: Wir können bemerken, dass wir merken. Ich kann bemerken, dass ich denke, dass ich höre, dass ich schmecke und rieche und spüre und auch dass ich das bemerke.
Das „übt“ man in der Achtsamkeitspraxis. Man übt aber nicht die Achtsamkeit zu verstärken, sondern man bemerkt das, was die Achtsamkeit blockiert, nämlich das Greifen nach Körperempfindungen und Sinneswahrnehmungen, nach Meinungen, Gefüh-

len und Mustern. Das Greifen behindert die Achtsamkeit, es blockiert sie, und das bemerkt man beim Meditieren. Man sagt beim Atmen innerlich: „Ein – Aus, Ja – Danke“, und alles ist wunderbar, und plötzlich fängt man an zu träumen: „Gestern Abend, und das war gemein, und das war aber anders, und das war nicht in Ordnung und dadadada.“ Dann hat die Achtsamkeit keinen Raum mehr, sie funktioniert nicht mehr mit voller Kraft, weil man mit etwas anderem identifiziert ist. Durch die kontinuierliche Praxis wird das ein bisschen ausgehebelt, denn man kehrt immer wieder zur Übung zurück. Und wie geht das? Man merkt, dass man träumt.

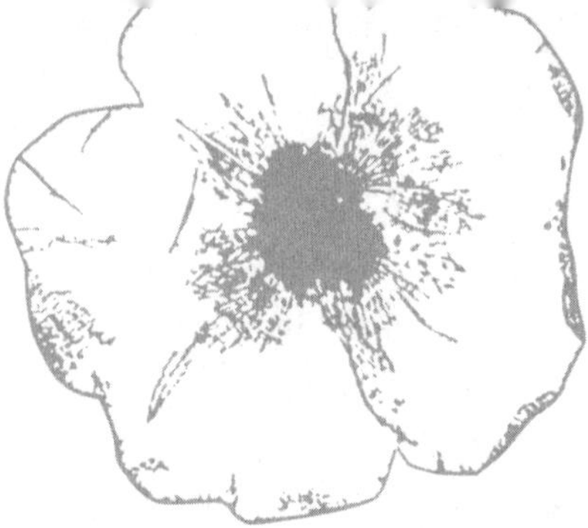

Leichter leben durch Dankbarkeit, Interesse und Mitgefühl

Oft lösen alltägliche Erfahrungen weder angenehme noch. unangenehme Gefühle aus. Der Tee schmeckt „weder-noch“, das Buch war „naja“, und der Film am Abend zuvor hat uns auch nicht gerade begeistert.

Die häufigste Reaktion auf neutrale Gefühle ist Desinteresse. Wir ignorieren sie, und alles, was damit einhergeht, nehmen wir höchstens unterschwellig wahr. Doch viele Menschen leiden unter der Routine ihres Lebens; die immer wiederkehrenden Abläufe langweilen sie. Je mehr wir auf die Mechanismen von Glück und Leid achten, desto interessanter wird unser Leben – und dann gibt es auch weniger neutrale Gefühle. Wenn wir angenehme Gefühle mit Freude und Dankbarkeit spüren und sie mit anderen teilen – zunächst nur in Gedanken –, entstehen mehr angenehme Gefühle. Wenn wir auf unangenehme Gefühle mit Mitgefühl reagieren, können wir sie mit der Zeit schneller in angenehme Gefühle transformieren. Wenn wir neutralen Gefühlen mit Interesse begegnen, verwandeln auch sie sich häufiger in angenehme Erfahrungen. Auf diese Weise gibt es mehr Glück in unserem Leben. Wir lernen, auch mit schwierigen Umständen entspannter und leichter umzugehen und das Beste daraus zu machen

Wir können nicht immer im Optimum leben. Wir können lernen, unter den gegebenen Umständen unser Bestes zu tun.

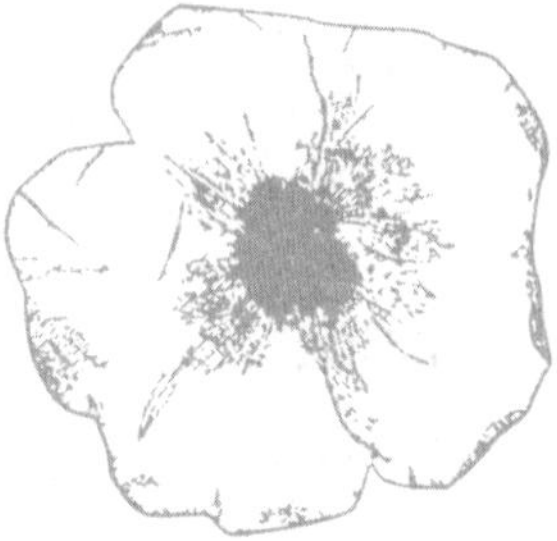

Große Worte berühren das Herz

Wir verstehen große Worte nicht dadurch tiefer, dass wir sie ständig mit wachem Verstand bedenken. Der Verstand zeigt nur die Richtung, und der ganze Mensch geht den Weg. Große Worte sind Ausdruck des Ruhens im wahren Wesen, und dahin führen sie uns, wenn wir sie im Herzen bewegen. Lesen Sie große Worte und heilige Schriften immer wieder. Reservieren Sie sich einen Abend in der Woche, einen ganzen Tag oder ein Wochenende für das Lesen schöner Gedichte und heiliger Texte. Sie können zwischendurch meditativ gehen, eine Atemmeditation und die Übung „Sternstunden" durchführen und immer wieder einen Text lesen und auf sich wirken lassen. Sie brauchen dazu nicht immer wach und munter zu sein. In tibetischen Meditationsmanualen heißt es: „Wenn du müde wirst, rezitiere das Mantra.“ Wenn wir große Worte mit Wertschätzung sprechen und lesen, berühren sie unser wahres Wesen.

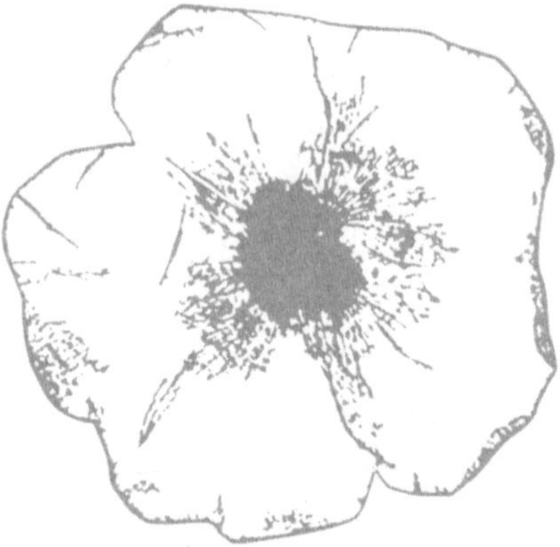

Übung: Lieblingsgedichte und Lieder

Nehmen Sie sich zehn Minuten Zeit und denken Sie an Lieder und Gedichte, die Sie im Leben begleitet haben. Nehmen Sie einen Gedichtband zur Hand und lesen Sie ein Gedicht laut. Schreiben Sie ein Gedicht ab und hängen Sie es an die Zimmertür.

Mein Vorschlag ist: Lesen Sie jede Woche ein Gedicht und lernen Sie ab und zu eins auswendig. Schreiben Sie selbst Gedichte und neue Texte zu Lieblingsmelodien. Singen Sie in einem Chor mit und singen Sie beim Putzen und Aufräumen, beim Kochen und Spazierengehen. Es ist sehr schwer, beim Singen schlechter Laune zu bleiben. Die Yogini Yeshe Tsogyal hat im 8. Jahrhundert ihren tibetischen Landsleuten das Singen ganz besonders ans Herz gelegt, weil es Vertrauen weckt: in die Lehren und Übungen und in die innere Weisheit. Sie hat es mit einem drastischen Bild beschrieben: „Singt eure Gebete mit schönen Melodien. Das wringt Vertrauen aus eurer Knochen Mark.“ Der spirituelle Weg umfasst Herz und Verstand, und Singen öffnet das Herz und weckt Vertrauen.

Bewusst schweigen

Wenn wir hin und wieder für einen Vormittag, einen Tag oder eine ganze Woche bewusst schweigen, spüren wir die Kraft der Worte sehr viel deutlicher. Bewusste Phasen des Schweigens zuhause in der vertrauten Wohnung, für einen halben Tag oder ein Wochenende schärfen unsere Aufmerksamkeit für unsere Motive und Stimmungen, Muster und Gewohnheiten. Wir können dann in einem Gespräch auch leichter zuhören und aus der Stille sprechen. Dann bewegen wir uns weniger im Bekannten und nehmen Nuancen wahr, die wir sonst übersehen.

Übung: Was klappt im Leben?

Wir neigen dazu, vor allem auf das zu schauen, was uns im Leben fehlt. Was da ist, halten wir oft für selbstverständlich. Wir können immer wieder einmal gezielt darüber nachdenken, was alles da ist in unserem Leben. Dankbarkeit und Freude wecken angenehme Gefühle und stärken unser Vertrauen, dass das Leben es gut mit uns meint, auch wenn nicht alles völlig unseren Wünschen entspricht.

Wir denken gezielt über das nach, was in unserem Leben da ist und klappt: Gesundheit, materielle Umstände, Beruf, Beziehungen, Freundschaften, Wohnung, Inspiration, Natur. Was ist noch da?

Wir können unsere eigene Liste erstellen: Welches sind meine individuellen Bedingun-

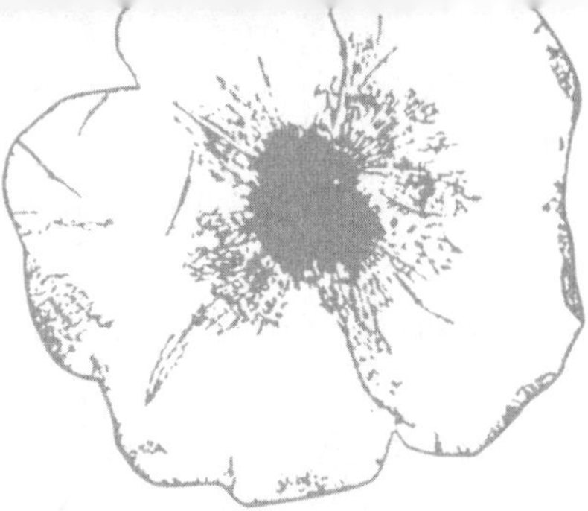

gen, meine sozialen Bedingungen, die zu meinem Wohlbefinden beitragen, die mich unterstützen in meinem Leben, in meinem inneren Wachstum?

Wir denken an die günstigen Bedingungen, die wir früher hatten und heute genießen und freuen uns darüber.

Übung: Den Atem spüren

Setzen Sie sich bequem in einen Sessel, aufs Sofa oder auf einen Stuhl mit einer geraden Lehne. Spüren Sie etwa zehn Minuten Ihren Atemrhythmus. Sie brauchen ihn nicht zu verändern. Atmen Sie natürlich und sagen Sie innerlich beim Ausatmen: „Ja zum Leben", und beim Einatmen: „Danke fürs Leben". Wenn Sie bemerken, dass Sie an Zukünftiges oder Vergangenes, an angenehme oder unangenehme Dinge

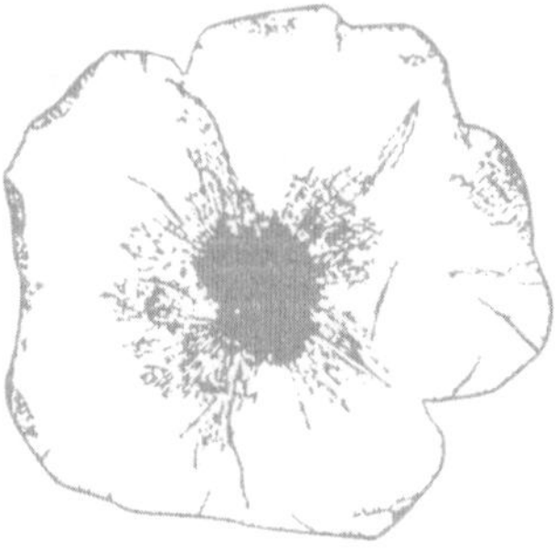

denken, nehmen Sie das zur Kenntnis und kehren Sie zum Atmen zurück. Bleiben sie zum Schluss einige Momente still sitzen und lassen Sie Ihre Gedanken schweifen.

Konnten Sie Ihren Atem spüren? Konnten Sie ihn sein lassen? Wollten Sie ihn beeinflussen? Wollten Sie ihn tiefer und ruhiger „machen“? Das geht allen so, auch noch nach Jahren der Übung. Diese kleine Übung zeigt ein typisches Muster der Macher-Menschen. Wenn wir unser Redeverhalten und unsere Selbstbilder beobachten, wollen wir sie bewusst oder unbewusst kontrollieren und korrigieren. Wir machen das bei der Atemmeditation und wenn wir die nächste Woche planen, uns auf ein schwieriges Gespräch mit einer Kollegin vorbereiten, unser Gesicht im Spiegel betrachten und in einer Gruppe singen oder tanzen. Das Leben wird leichter, wenn wir diese Tendenz erkennen.

Wenn wir auf unsere Bewegungen und unsere Rede achten, wollen wir sie kontrollieren und korrigieren, auch wenn wir keine Ahnung haben, was besser wäre und wie wir dahin kommen. Übungen sind dazu da, dass wir bemerken, was wir tun, sagen und denken. Verhalten und Worte bemerken ist leichter, Gedanken bemerken ist das Oberstufenprogramm. Wir fangen am besten mit dem großen A an, und schreiben es hundertmal, entspannt und mit Interesse. Das große A steht hier für die Atemmeditation oder für die Übung Klatsch und Tratsch: Heute achte ich darauf, wie ich klatsche und tratsche. Veränderungen brauchen ihre Zeit.

4

Das Wunder spüren

Das Wunder spüren

Die Quelle der Freude

Jeden Tag erleben wir die Freuden der fünf Sinne. Wir genießen den glatten Stoff der Seidenbluse und freuen uns am Lichtspiel des Morgenhimmels. Wir lassen ein Stück Schokolade auf der Zunge zergehen, entspannen uns beim Duft der Kartoffelsuppe und lauschen dem Klang einer geliebten Stimme. Wir erleben das häufiger, als wir denken. Wenn wir ab und zu darauf achten, fühlen wir uns wohler. Sinnesfreuden haben allerdings einen eher schlechten Ruf in spirituellen Kreisen. Warum? Meist halten wir den *Aufhänger* – den liebevollen Blick oder ein Kompliment, die Suppe oder den Morgenhimmel – für die *Ursache* des Wohlbefindens. Dann klammern wir uns an die geliebte Person, essen zu viel Suppe und jammern darüber, dass der Himmel selten so schön ist wie grade jetzt.

Beobachten wir das komplette Zusammenspiel von Aufhängern, aktueller Verfassung und Hintergrund bei angenehmen Sinneserfahrungen genauer, begreifen wir mit der Zeit, dass die Quelle der Freude im eigenen Herzen ruht. Dann müssen wir weise akzeptieren, dass Sinneserfahrungen nicht andauern. Sie dauern wie alle Erfahrungen nur sehr kurz. Weil sie so kurzlebig sind, suchen wir ständig nach neuen angenehmen Sinneserfahrungen. Wir müssen aber nicht nur akzeptieren, dass die angenehmen Sinneserfahrungen kurzlebig sind, sondern auch, dass es unangenehme Erfahrungen gibt, denn es gibt auch versalzene Suppen, quietschende Reifen, Müllberge, die zum Himmel stinken, Stecknadeln in der Couch, dumme Bemerkungen und Kritik. Diese Überlegungen helfen uns, nicht *mehr* von den Sinneserfahrungen zu erwarten, als sie uns schenken können. Sie werden zum Ausgangspunkt für das Glück des offenen Herzens, wenn wir daran denken, dass wir schöne Erfahrungen häufig anderen verdanken. Sie stellen die schönen und nützlichen Dinge her, die uns das Leben angenehm machen, und sie sind das unverzichtbare Gegenüber, mit dem wir uns und die Welt entdecken.

Kleine Dinge erfreuen das Herz

Wir haben Vorstellungen über eine Situation, wir denken etwas und merken nicht, dass wir denken, sondern halten das, was wir denken, für die Wirklichkeit. Wir leiden z.B. an Kälte, Hitze, Lärm oder an bestimmten Sätzen, die jemand zu uns spricht. Wir leiden an etwas und rechnen das hoch auf ewig und verlieren uns in Gedanken an die Zukunft: „So geht das jetzt immer weiter und es hört nie wieder auf. Ich werde nie wieder gesund. Ich werde nie wieder eine Beziehung haben. Wir werden uns nie wieder verstehen. Ich werde immer soviel Stress haben." Wir rechnen es hoch auf ewig, und dadurch wird das Problem immer größer, aber das merken wir nicht.

Die Buddhisten beschreiben bestimmte Heilmittel für Sorgen und Ängste und sagen klipp und klar: „Das Erleben von Freude in der Meditation heilt uns von Sorgen." Das kann man auch in den Alltag übertragen. Es kann Dankbarkeit sein über das schöne Wetter heute, Freude an einer Begegnung oder über ein schönes Essen. Man kann Zuneigung, Verbundenheit, Geborgenheit an einem bestimmten Ort mit bestimmten Menschen verspüren. All das heilt Sorgen und Ängste, denn wenn man sich freut, ist man in der Gegenwart.
So wird auch erklärt, wie Freude überhaupt funktioniert. Freude hat etwas mit Gegenwärtigkeit zu tun. Konzentration, so heißt es in den Lehren, erzeugt natürlicherweise Freude.

Gleichmut und heitere Gelassenheit

Es gibt immer Menschen um uns herum, auch wenn wir allein wohnen und arbeiten, keine Angehörigen haben und nur wenige Menschen persönlich kennen. Mögen wir andere, spüren wir das Gefühl der Verbundenheit mit ihnen sehr leicht. Können wir unser Glück miteinander teilen, wird es noch intensiver. Das gilt auch, wenn wir unser Leid miteinander teilen können.

Da nicht alle Leute immer nett und freundlich sind und wir selbst auch nicht, brauchen wir Gleichmut und heitere Gelassenheit, um uns in schwierigen Situationen nicht innerlich zu verschließen oder einander anzugreifen. Das Gefühl der Verbundenheit mit anderen wird stärker und belastungsfähiger, wenn wir uns um vier Haltungen bewusst bemühen: Liebe, Mitgefühl, Mitfreude und Gleichmut. Sie heißen auch: Freundlichkeit, Erbarmen, Freude und heitere Gelassenheit.

Ein Leben als Mensch ist wunderbar

Es ist etwas Wunderbares, ein Mensch zu sein. Viele Menschen sagen: „Ich wäre gern einmal eine Katze. Die muss nicht arbeiten und Geld verdienen!" Oder sie wünschen sich, ein sorgloser Hund, ein starker Elefant oder ein beeindruckender Tiger zu sein. Wir lieben Tiere und machen uns Bilder von ihrem Leben. Ohne Zweifel sind Tiere eins mit sich und ihrer Umwelt, sie agieren spontan, ohne Lüge und Unaufrichtigkeit. Dennoch haben nur wir Menschen die Möglichkeit, aus einem rein instinktiven, gewohnheitsmäßigen Verhalten herauszutreten. Wir können unser Verhalten erkennen und gestalten. Den meisten Tieren ist dies nur in einem geringen Maße möglich. „Es ist schön, ein Mensch zu sein"

– das bedeutet also nicht, Tiere als minderwertig anzusehen und sich über sie zu erheben. Es soll uns die Augen dafür öffnen, dass allein schon unser Leben als Mensch etwas Wunderbares ist.

Verbundenheit und Urvertrauen

Im Leben mit Menschen und Tieren, Natur und Welt „spüren“ wir das Unbedingte als Gefühl der Verbundenheit mit anderen und in uns selbst als Urvertrauen. Beides – Verbundenheit und Urvertrauen – brauchen wir, damit wir als Unterschiedliche, als „Menschen im Plural“ (Hannah Arendt) miteinander leben – und reden können.
Mit Vertrauen in uns und in die Welt können wir Stärken sehen und Schwächen mit relativer Gelassenheit annehmen, bei uns und anderen, und das Beste daraus machen.

Je weniger Sinn wir spüren, desto schneller eilen wir

Viktor Frankl, der Begründer der Logotherapie schreibt über den Zusammenhang zwischen Sinn im Leben und Zeitgefühl: „Je weniger Sinn wir in unserem Leben empfinden, desto schneller eilen wir." Das Tempo nimmt zu, und man bewegt sich

ganz schnell, wenn man nicht mehr weiß, worum es einem eigentlich geht. Der Umkehrschluss ist: „Wenn ich mir über meine Prioritäten klar bin, über das, was mir wirklich wichtig ist, dann kann ich langsamer gehen und innehalten." Sinn zu erleben bedeutet, in Verbindung stehen mit sich selber, mit den eigenen Empfindungen, mit körperlichen Prozessen und Gefühlen, mit anderen Menschen und dem Tun. Wir eilen umso schneller, je weniger Sinn wir im Leben spüren.

Der rote Faden

Lebenssinn, Herzenswunsch, Herzensanliegen, unbedingtes Anliegen und roter Faden – diese Begriffe deuten auf das hin, was uns Sinn schenkt und leichter leben hilft. Ein eindrückliches Bild ist der „rote Faden“, der uns im Leben leitet. Der protestantische Theologe Paul Tillich spricht als gläubiger Christ von der Notwendigkeit des Glaubens und definiert ihn als das „Ergriffensein von dem, was einen unbedingt angeht“. Auch wenn wir nicht an Gott glauben, kann uns das Bild vom „unbedingten Anliegen“ tief berühren. In Tillichs Worten werden wir im Glauben, in dieser „Leidenschaft für das Unendliche“, des Unendlichen gewahr. Wir können diesen Glauben aber nur finden und leben in der Gemeinschaft mit anderen, mit denen wir Sprache, Mythen und Symbole teilen. Auch der Psychologe Viktor Frankl, betont in seinen Büchern immer wieder: Menschen brauchen einen Sinn im Leben. Einen Sinn spüren hilft uns, Leiden zu ertragen, ohne daran zu verzweifeln. Dieser Sinn kann in einem Gesangverein ebenso zu finden sein wie im Kleingarten, in der Familie ebenso wie in einem spirituellen Weg. Zwei Bedingungen gehören jedoch für Tillich und Frankl immer dazu: eine *Praxis* – etwas, das man tut – und *Menschen,* mit denen wir es teilen können.

Wenn wir den roten Faden erkennen, der sich durch das Webwerk unseres Lebens zieht, fühlen wir uns mit uns und der Welt im Reinen. Den roten Faden erkennen heißt, den Sinn unseres Lebens spüren. Auch zu verstehen ist wichtig: Wenn wir verstehen, wohin unser vielleicht krummer Weg uns geführt hat und weiterhin führt, löst sich das Gefühl auf, im Leben versagt

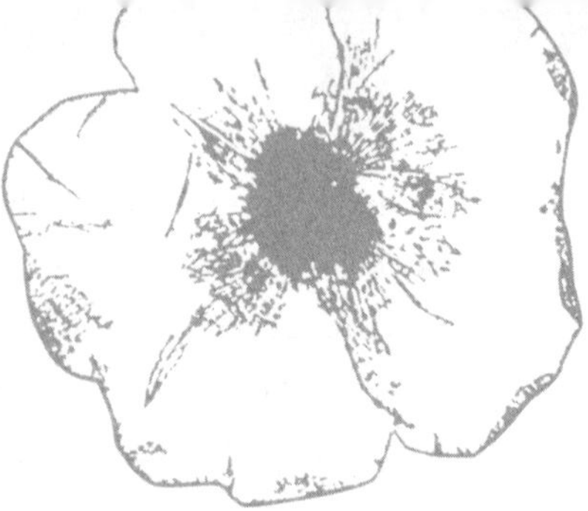

zu haben. Dann ergeben unsere scheinbar widersprüchlichen Interessen plötzlich ein sinnvolles Bild. Dann haben wir das Gefühl, einen Kanal für unsere spezifische Lebensenergie gefunden zu haben, und es entstehen wie von selbst der Mut und das Geschick, das Beste aus unserem Leben zu machen. Das geht leichter, wenn wir vor unserem Leiden nicht weglaufen. Wenn wir unserer Unzufriedenheit nachgehen und ihr beharrlich auf der Spur bleiben, entdecken wir das Geheimnis des Glücks. Wir sehen mit eigenen Augen, dass unsere Sorgen und Ängste und die dumpfe Unzufriedenheit mit unserem gut eingerichteten Leben ein Spiegel unserer Innenwelt sind. Dann begreifen wir immer tiefer, dass die äußeren Umstände uns deshalb nicht wirklich zufriedenstellen können, weil sie lediglich gute oder schlechte Aufhänger für unsere Stimmungen sind. Das motiviert uns dazu, uns genauer kennenzulernen und „die Samen des Glücks in uns selbst zu wässern", wie der vietnamesische Zen-Lehrer Thich Nhat Hanh es nennt. Jedes Mal, wenn wir auch nur ein wenig aus unserer Opferhaltung heraustreten, und sei es für fünf Minuten, verringert sich unsere Angst vor der Welt. Und je weniger Angst wir vor der Welt haben, umso mehr positiven Einfluss können wir auf unsere unmittelbare Umwelt nehmen.

Es gibt ein unbedingtes Anliegen, das sich wie ein roter Faden durch unser Leben zieht. Wir erkennen es in dem, was uns froh und unfroh macht. Wenn wir unserer Freude und unserer Unzufriedenheit beharrlich auf der Spur bleiben, entdecken wir das Geheimnis des Glücks.

Freude öffnet das Herz

Wer sich freut, fühlt sich verbunden. Deshalb ist Freude ein hochwirksames Mittel gegen die Angst vor dem Alleinsein. Wir können uns gezielt um Aktivitäten bemühen, die Freude und Verbundenheit mit uns selbst und mit anderen Menschen schaffen. Was macht uns spontan Freude? In den Himmel schauen, einen Spaziergang machen, ein Gedicht lesen, ein Lied singen, tanzen? Manchmal reicht ein Gang in den nächsten Park, wo im Winter wie im Sommer Menschen zu finden sind. Besuchen wir den Park regelmäßig, werden einige Menschen vielleicht zu Bekannten. Wir brauchen nicht einmal mit ihnen zu reden. Es genügt oft schon, einfach ein paar Minuten zusammen auf der Parkbank zu sitzen, das Wasser im Springbrunnen zu betrachten, den Kindern im Sandkasten zuzuschauen. Auch Musikhören, Tanzen und Singen wecken ganz schnell Freude und Verbundenheit. Vor allem Singen öffnet das Herz, und gemeinsam Singen verbindet. Manchmal reicht es, eine CD mit Mantras oder Liedern einzulegen, laut und leise mitzusingen und sich ein bisschen zu bewegen. In unserem Körper steckt viel Freude, die befreit werden möchte. Wer singt und sich bewegt spürt bald, wie sich das Herz klärt und öffnet und das Leben leichter wird.

Wir sind allein. Das gilt für alle Menschen. Dennoch können wir viel Verbundenheit erleben. Freude schafft Verbundenheit.

Wie ticke ich?

Ernsten und unruhigen Menschen fällt es leichter, sich ihrer inneren Unruhe und ihrem Grübeln zu stellen, wenn ein „ernsthaftes“ Anliegen damit verbunden ist. Vielleicht hilft Ihnen die Vorstellung, dass es bei diesen Übungen nicht „nur“ um angenehme Gefühle geht, sondern auch darum, tiefer zu verstehen, wie Ihre Unruhe und Ihre Sorgen funktionieren. Innere Prozesse mit Interesse zu beobachten ist unterhaltsam und kann auch intellektuell Spaß machen. Wir entwickeln einen geradezu sportlichen Ehrgeiz und freuen uns, wenn wir uns auf die Schliche kommen. Schon diese Einstellung löst ein wenig unserer Unruhe auf. Wenn wir dann noch herausfinden, was wir wirklich gerne tun, haben wir den roten Faden gefunden, der uns aus dem Tal der Sorgen führt.

Innehalten und Dasein

Häufig fühlen wir uns im Alltag von unseren Eindrücken erschlagen. Wir kommen uns vor wie inmitten eines rauschenden Wasserfalls. Sinneswahrnehmungen und Gedanken, Bilder und Erinnerungen, Ansichten, Urteile und Gefühle wechseln einander in hohem Tempo ab. In Achtsamkeits-Übungen können wir diesem inneren Tanz der Eindrücke und Impulse oft nur mit Mühe folgen.

Doch es gibt Momente, da spüren wir inmitten aller Turbulenzen für wenige Sekunden Ruhe, Offenheit und Freude. Wir fühlen Raum, werden weit, leicht und klar. Wir sehen die Farben und hören die Töne, die uns umgeben, ganz frisch und wie zum ersten Mal. In solchen Momenten der Freude fühlen wir uns am rechten Platz. Die Welt ist in Ordnung, wir sind im Einklang mit ihr, fühlen uns mit allem und allen verbunden. Wir hören auf zu hadern und zu zweifeln, an gestern und morgen zu denken, zu bereuen und zu hoffen. Stattdessen nehmen wir den Augenblick aufmerksam und mit allen Sinnen wahr und sind ganz auf das Jetzt konzentriert. Verglichen mit den vielen Augenblicken, aus denen sich unser tägliches Leben zusammensetzt, dauern solche Erfahrungen spontaner Freude und Klarheit nur sehr kurz an. Dem Buddhismus gelten sie als ein Hinweis auf die grundsätzliche, glückselige Natur unseres Geistes.

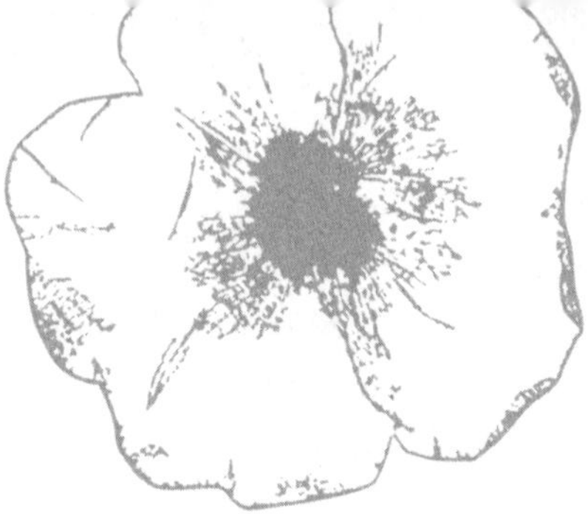

Achtsamkeit ist Freude

Die Ursache der Freude liegt nicht in dem, was uns gefällt. Die tiefere Ursache der Freude ist nicht in der Tasse Kaffee oder dem Glas grünen Tee zu finden. Sie liegt nicht in dem roten Klatschmohn oder dem Klang der Musik, nicht in den liebevoll schauenden Augen oder der Hand, die uns berührt. Wenn wir die äußeren Anlässe der Freude zu sehr betonen, dann vergessen wir, dass die wahre Ursache der Freude in uns selbst zu finden ist – in unserer Fähigkeit, wach zu sein, wahrzunehmen und Freude zu empfinden. Freude entsteht, wenn wir für einen Augenblick die Aufmerksamkeit ganz auf das richten, was geschieht. Freude ist Gegenwärtigkeit. Daher ist jeder Moment der Achtsamkeit auch ein Augenblick der Freude. Und jeder Augenblick der Freude ist ein Moment des Kontaktes mit der Natur unseres Geistes. Achtsamkeit ist Freude, Freude ist Achtsamkeit. Achtsamkeit bedeutet, sich zu entspannen und ganz für das zu öffnen, was geschieht. Wir wissen nicht, was im nächsten Moment passieren wird. Jeder Augenblick ist offen. Wir freuen uns über eine Sonnenblume, den Mond am Himmel, das Treiben in der Stadt. Wir spüren in uns hinein und wissen für Momente nicht, was genau diese Freude auslöst. Was genau ist hören, riechen, schmecken und sehen? Wir wissen es nicht.

Gedanken und Gefühle steigen auf. Wir wissen nicht, woher sie kommen und wohin sie gehen, nicht einmal, wo genau sie sich befinden, wenn sie in uns sind. Und das macht nichts, wenn wir mit dem Herzen gegenwärtig sind.

Achtsamkeit ist Freude, Freude ist Achtsamkeit. Wenn wir uns freuen, nehmen wir das Geheimnis des Lebens und der Verbundenheit an.

Übung: Sternstunden

Wir haben alle die Fähigkeit, uns zu freuen. Wir können uns darin üben, kleine Momente der Freude am Tag gezielt wahrzunehmen und bewusst zu genießen. Es geht um kleine Momente, um Sternstunden oder Sternsekunden, in denen wir etwas hören, sehen oder spüren, das angenehme Gefühle erweckt: eine spielende Katze, einen Sonnenstrahl auf der Haut, ein Lächeln in der U-Bahn, der Geruch von frisch geschnittenem Gras, ein Vogel auf dem Kuchenteller im Biergarten usw. Solche Momente können unser Herz öffnen, wenn wir sie bemerken und genießen. Sie helfen uns für einen kleinen Moment, gegenwärtig zu sein, und das bereichert unser Leben.

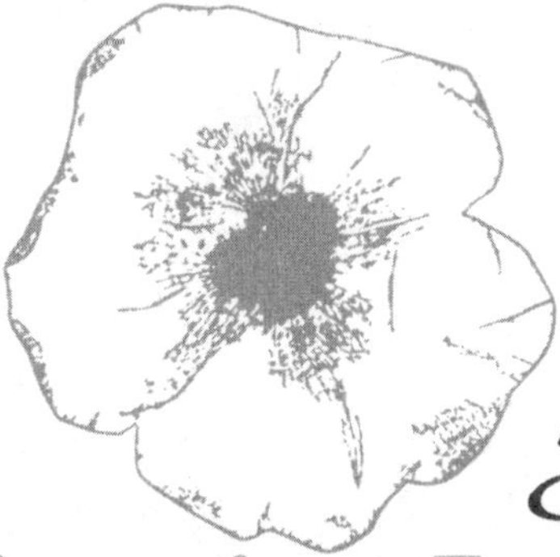

5

Sinn im Leben

Sinn im Leben finden

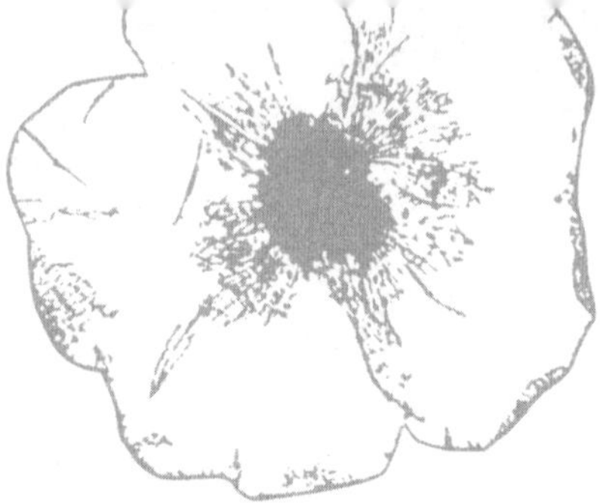

Merken, was geschieht

Wenn wir nicht merken, dass wir müde sind, arbeiten wir zu lange. Wenn wir nicht merken, dass wir satt sind, essen wir zu viel. Wenn wir nicht merken, dass wir uns ständig einreden, keine Zeit zu haben, glauben wir das. Dann fühlen wir uns unter Zeitdruck, obwohl uns vielleicht niemand vorschreibt, welche Aufgaben wir in welcher Zeit erledigen müssen. Wenn wir nicht merken, dass wir selbst schlechter Laune sind, glauben wir, all unsere Arbeitskollegen seien mit dem falschen Bein aufgestanden. Wenn wir nicht merken, dass unsere Nachbarin heute einen schlechten Tag hat, nehmen wir ihre Unfreundlichkeit persönlich und sind verletzt. Merken wir jedoch, was mit uns und mit anderen geschieht, haben wir mehr Raum. Wir können prüfen, ob eine Situation außen und innen so ist, wie sie uns gerade erscheint, oder ob Gedanken, emotionale Muster oder körperliche Beschwerden unseren Blick auf uns und die Welt verzerren.

Achtsamkeit schafft Raum. In diesem Raum können sich Mut, Vertrauen und Ausdauer entfalten. Diese Eigenschaften sind wichtig, wenn wir unsere Einstellungen und Verhaltensweisen an die vielen Situationen anpassen möchten, auf die wir täglich treffen. Und wenn wir unser Ver-

halten angemessen ausrichten können, werden diese Situationen für uns und für andere angenehmer und produktiver.
Achtsamkeit bedeutet also zunächst zu merken, was geschieht. Wir brauchen nicht sofort alles zu verändern, und das können wir auch nicht. Wir können auch nicht sofort alles merken, was geschieht.
Wie immer, wenn wir etwas Neues lernen, fangen wir mit kleinen Schritten an.

Versprechen stiften Beziehungen

Im Alltag gibt es leidige Termine und Absprachen, ersehnte Verabredungen und verpatzte Projekte, überzogene Erwartungen, halb erfüllte Sehnsüchte und zerbrochene Herzen. Wir machen Pläne, versprechen uns oder anderen, eine bestimmte Arbeit zu erledigen, – manchmal klappt das, und manchmal geht es schief. Sollen wir uns nun nichts mehr vornehmen und uns und anderen nichts mehr versprechen, weil wir nie sicher sind, ob wir unsere Worte halten können? Hannah Arendt setzt bei dieser Ungewissheit an und sagt sinngemäß: Wie Versprechen die ungewisse Zukunft ordnen, stiften und stärken sie Beziehungen. Sie geben uns ein Gefühl der relativen Sicherheit im Unbeständigen.

Versprechen spielen in allen Beziehungen eine Rolle, im privaten und beruflichen und im öffentlichen Leben. Ihre enorm wichtige Funktion zeigt sich darin, dass sich ein ganzer Berufsstand mit Verträgen befasst: die Juristen. Wenn wir einen Mietvertrag unterschreiben, wissen wir, dass wir vermutlich nicht bis an unser Lebensende in dieser Wohnung bleiben werden. Und doch gibt ein Mietvertrag ein Gefühl relativer Sicherheit. Wir schließen Arbeitsverträge ab und mieten uns gegen eine Unterschrift ein Auto, eine Ferienwohnung und ein Kopiergerät. Eheverträge sind so alt wie die Institution Ehe. Kinder werden per Vertrag adoptiert, und der letzte Wille ist – meistens – Gesetz. Mündlich abgeschlossene Verträge gelten auch heute noch. Sie sind ein Überbleibsel aus der Zeit, als Verträge noch generell mündlich abgeschlossen wurden.

Was macht uns glücklich?

Es scheint paradox – erst wenn unsere Grundbedürfnisse befriedigt sind, merken wir: Der Mensch lebt nicht vom Brot allein. Erst wenn wir ein Dach über dem Kopf, genug zu essen, eine Arbeit und Zugang zu medizinischer Grundversorgung haben, merken wir, dass immer mehr materielle Güter uns nicht wirklich glücklich machen. Bei dieser Erkenntnis kann uns ein leises Entsetzen packen. All unsere Träume sind erfüllt, doch wir sind immer noch nicht zufrieden. Wie finden wir heraus, was uns zum Frieden führt? Ein gutes Hilfsmittel ist es, einmal alles wegzustreichen, was uns keinen echten Frieden schenkt. Wir schauen uns genau an, wofür wir arbeiten und wofür wir uns einsetzen, und fragen schlicht: Macht mich das glücklich? Lebe ich dafür?

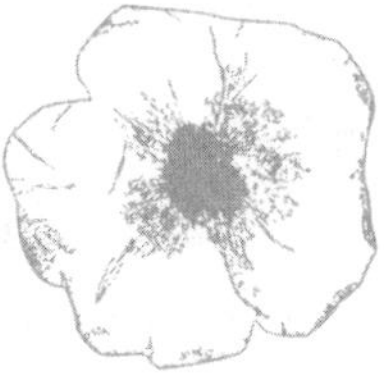

In jungen Jahren und wenn alles glatt läuft, stellen wir uns diese Frage selten. Und wenn wir sie uns stellen, fällt uns sofort eine gute Antwort ein: „Studium, Ausbildung, Karriere, Arbeiten, die neue Beziehung, Reisen, berühmt werden, Kinder, ein Haus." Mit Ende zwanzig oder Anfang vierzig wird unser Blick kritischer. Stirbt eine junge Arbeitskollegin oder wird ein Freund schwer krank, stehen wir vor dem Ende der ersten großen Liebe oder verwandelt sich die traumhafte neue Arbeitsstelle in einen gewöhnlichen Job mit viel Routine, dann werden wir von ganz allein nachdenklicher. Hin und wieder fragen wir uns jetzt: „Warum stehe ich eigentlich morgens noch auf? Wofür?“ Wenn uns keine gute Antwort mehr einfällt, sinkt unser Stimmungsbarometer. Je nach psychischer Verfassung und allgemeiner Situation kann sich das zu einer handfesten Lebenskrise auswachsen. Manchmal merken wir dann: „Nichts macht mich wirklich zufrieden in dieser Welt. Was nun?“

Wenn wir jetzt unser Leben aus allgemeiner Unzufriedenheit für sinnlos erklären, geraten wir immer tiefer in die Krise. Wir versuchen nicht, aus diesem Leben das Beste zu machen, sondern sehnen uns nach einer heilen Welt ohne Krisen und Zweifel, halten an religiösen Dogmen fest und flüchten uns in den Frieden der Meditation. Die Einsicht, dass uns nichts wirklich zufriedenstellt in dieser Welt, kann jedoch auch der Ausgangspunkt für eine echte Suche nach Sinn werden.

Heitere Gelassenheit

Was können wir Sinnvolles tun, wenn die Dinge nicht so laufen, wie wir es gerne hätten? Wie wir bereits gesehen haben, brauchen wir uns nicht zu ärgern. Wenn wir Dinge, Abläufe und Menschen verändern können, sollten wir unsere Fähigkeiten und unseren Charme, unser Geld und unsere Kraft und Zeit einsetzen, um sie zu verändern. Ist das nicht möglich, brauchen wir uns auch nicht zu ärgern, da wir sie ja nicht verändern können. Wir können die beiden Möglichkeiten unterscheiden, wenn wir genau hinschauen und unsere Fähigkeiten und die der anderen realistisch einschätzen. Dazu gehört die Einsicht, dass niemand schuld ist, weil niemand die Situation wirklich im Griff hat. Und: Wir alle tun bereits unser Bestes, auch wenn das oft sehr wenig zu sein scheint. Wenn wir durch gutes Zureden uns oder andere dazu motivieren können, mehr zu tun oder anders zu handeln, umso besser. Wenn nicht, ist das eben das Bestmögliche in der Situation.

Die Einstellung, die uns zu dieser Sichtweise verhilft, wird im Buddhismus Gleichmut (Skt. *upeksha)* oder Gelassenheit genannt. Oft damit verwechselt wird Gleichgültigkeit. Gleichgültigkeit entsteht aus Angst vor Schwierigkeiten. Dann verstecken wir uns hinter einer Mauer aus Gefühllosigkeit Wir sind enttäuscht und wehren alles ab, was die künstliche Ruhe stört. Unter der dicken Decke der Gleichgültigkeit lauern Vorwürfe und Frustration. Gleichgültigkeit schlägt leicht um in Unruhe und Ratlosigkeit. Gleichmut geht einher mit Liebe, Mitgefühl und Freude. Wer sich nicht freuen kann, ist nicht gelassen, sondern gleichgültig.

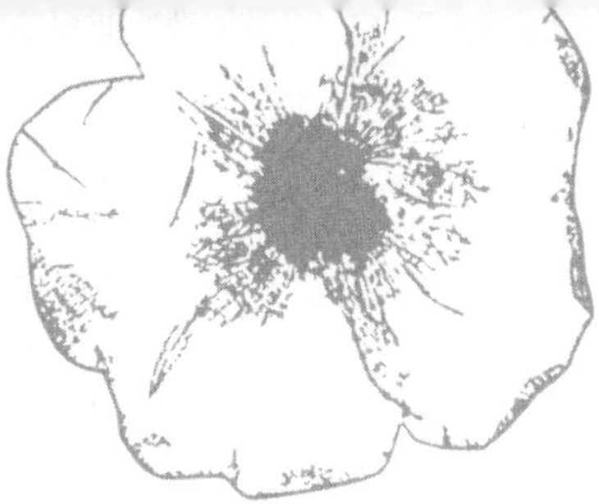

Gelassenheit ist heiter und voller Würde. Sind wir gleichmütig und gelassen, gibt es keine Schuldzuweisungen und keine Täuschungen und daher auch keine Enttäuschungen. Die Welt ist, wie sie ist, und ich gehe heiter, gelassen und würdig damit um. Darüber lässt sich leicht reden, es zu leben erfordert lebenslange Übung. Aber es gibt nichts, was man nicht lernen kann, wenn man es mit ganzem Herzen übt.

Meine Sicht der Dinge

Im Alltag neigen wir häufig dazu, unsere eigene Sicht für objektiv richtig zu halten. Theoretisch ist uns klar, dass jeder Mensch seine eigene Weltsicht hat und braucht. Wie sollte es auch anders sein? Wir alle haben ganz unterschiedliche Persönlichkeiten, Lebensgeschichten und Lebensentwürfe. Wenn wir ehrlich sind, ist es in der Praxis aber immer wieder so, dass wir anderen verständnislos gegenüberstehen und einfach nicht begreifen können, wie jemand dieses denken oder jenes fühlen kann. „Es ist doch einfach so!“, denken wir insgeheim und meinen: Es ist doch einfach so, wie wir das sehen. Oft verteidigen wir unsere Sicht der Dinge auch, indem wir „objektive“ Wahrheiten anführen. Warum ist das so? Alle unerwachten Menschen zerreißen ihre Erfahrungen. Wir alle trennen uns auf in ein „Ich da drinnen“ und eine „Welt da draußen“ – in Subjekt und Objekt – und fühlen uns als Folge davon abgetrennt und einsam. Und je abgetrennter und einsamer wir uns fühlen, umso größer wird unser Bedürfnis nach Sicherheit. Also objektivieren wir unsere Erfahrungen und Meinungen und behaupten: „Meine Einschätzungen und Urteile sind richtig, weil meine beste Freundin, meine Kollegen, die Naturwissenschaft, die Zeitungen, die weisen Bücher es genauso sehen.“

Für starke Menschen mit einem „dicken Fell“ funktioniert dieser Umgang mit sich und der Welt recht gut. Viele von uns spüren jedoch, wie fragil dieses Konstrukt ist. Immer müssen wir uns verteidigen, immer kann es sein, dass die andere Seite die bessere Freundin, die klügere Zeitung, den aktuelleren naturwissenschaftlichen Text in die Waagschale werfen kann. Ohne die

mutige Einsicht, dass innere Einstellungen, emotionale Muster und Gewohnheiten unsere Sicht der Welt färben, sind wir ständig getrieben. Weil wir die Ursache für Unzufriedenheit, Einsamkeit, Stress und Angst immer am falschen Ort suchen, kann uns eine „objektive“ Welt keine dauerhafte Sicherheit geben.
Alle Menschen drehen sich im Kreislauf von Abgetrenntheit, Verunsicherung und Selbstbestätigung im Spiegel der äußeren Welt. Darum sind wir existenziell verunsichert. Erwacht und reif sind wir, wenn wir den Schein der Abgetrenntheit durchschauen und unsere Verbundenheit spüren können mit allem, was ist.

Mich selbst verstehen

Die eigenen Motive erkennen ist nicht einfach. Es braucht Übung, und wir müssen immer wieder geduldig hinschauen und spüren und unsere Erfahrung hinterfragen. Aber alles, was uns bewegt und antreibt, verunsichert oder ängstigt, wirkt sich aus, auch wenn wir es nicht kennen und bemerken. Um unbewusste Einstellungen und verborgene Motive zu entdecken, brauchen wir weder Abitur noch viele Bücher und kluge Ideen. Interesse an uns und der Welt, Geduld und Aufrichtigkeit und regelmäßige und systematische Selbstbeobachtung sind die entscheidenden Voraussetzungen. Verständliche Thesen und geeignete Übungen können uns bei dieser Innenschau unterstützen.

Leichter leben

Wer mit wachen Augen durch die Welt geht, sieht das ständige Auf und Ab sehr deutlich. Es gibt Arbeitslosigkeit und Armut, Karrieren scheitern in allen Bereichen von Wirtschaft und Kultur, Kirche und Politik. Wir träumen von einem stabilen Einkommen und einem verlässlichen sozialen Status, wissen aber in einem Winkel unseres Herzens ganz genau, wie brüchig unsere Sicherheiten sind. Diese tief sitzende Angst verdirbt uns die Freude an dem relativen Wohlstand unserer Zeit: Wer weiß, was noch alles kommen wird? Menschen haben Angst vor schlechten Zeiten.

Wir können sehr viel leichter leben, wenn wir begreifen, dass das ständige Auf und Ab zum Leben gehört. Es ist kein Unfall, den man durch geschickte Manipulation ein für alle Mal verhindern kann. Misserfolg ist ganz einfach die andere Seite des Erfolges. Auf ein sicheres, erfolgreiches Leben zu hoffen, mag menschlich sein. Es ist jedoch klug, den Gedanken an ein mögliches Scheitern nicht zu einer irrationalen Angst zu degradieren, die dumpf in uns rumort und uns schlaflose Nächte bereitet. Stattdessen sollten wir das Scheitern ganz nüchtern als eine realistische Möglichkeit ansehen: Wer an der Börse spekulieren will, sollte begriffen haben, dass Gewinn und Verlust wie zwei Seiten einer Medaille zusammengehören. Mal sind wir es, die den Misserfolg erleben müssen; mal sind es

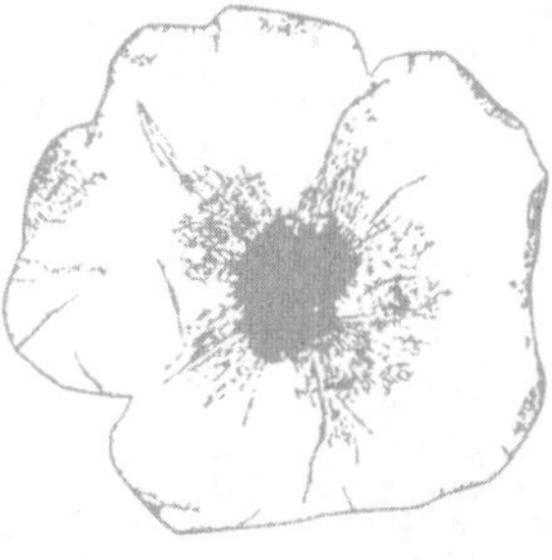

die anderen. Wo immer jemand einen guten Arbeitsplatz bekommt, bekommt jemand anderes ihn nicht. Wenn wir unseren Blick ein wenig erweitern und nicht nur an uns selbst, sondern auch an die Menschen in unserer Umgebung denken, relativiert sich unser Erfolgsdruck noch zusätzlich: Das Auf und Ab des Lebens ist eine gemeinsame Erfahrung. Wenn die Wippe mich nach oben hebt, senkt sie andere nach unten. Wenn wir beginnen, uns mit diesem Gesamtgeschehen zu identifizieren, löst sich die Fixierung auf ein hundertprozentig stabiles, individuelles Glück auf.

Wer das Auf und Ab des Lebens annimmt, kann Erfolg in aller Relativität und Unbeständigkeit genießen und mit sozialem und wirtschaftlichem Abstieg leben, ohne daran zu verzweifeln.

Klug nachdenken statt grübeln

Achten Sie einmal einen Tag lang darauf, was in Ihrem Kopf vor sich geht. Sie werden feststellen, dass Sie einen erheblichen Teil Ihrer Zeit damit verbringen, sich über vergangene und zukünftige Probleme – und Ihre Fiktion davon – Sorgen zu machen. Wir „meditieren" ständig über uns und andere. Wir bewegen alte Erfahrungen im Herzen, fühlen uns schuldig, weil wir den Geburtstag unserer Schwester vergessen haben oder unserem Kollegen über den Mund gefahren sind. Wir hadern als längst erwachsene Menschen noch immer mit unseren Eltern, weil sie uns zu streng erzogen und wir uns deshalb ganz anders entwickelt haben, als es vielleicht möglich gewesen wäre. Wir projizieren unsere schlechten Er-

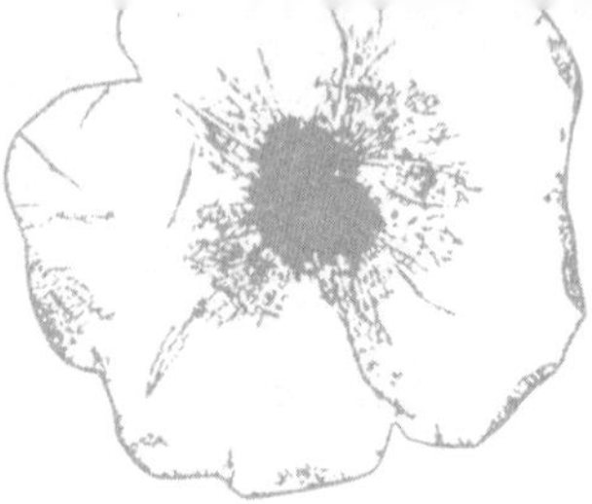

fahrungen in die Zukunft, deshalb versichern wir uns gegen alles, was wir in sorgenvollen Zukunfts-Fantasien auf uns zukommen sehen.
Sicherlich ist es wichtig, nicht nur in den Tag hineinzuleben, sondern sich auch eine Vorstellung von der Zukunft zu machen. Erfahrungen sind unverzichtbar. Kluge Menschen nutzen ihre Erfahrungen jedoch, um daraus zu lernen. Ihre Zukunftsvorstellungen nutzen sie, um vorausschauend zu handeln. Grübeln und kluges Nachdenken über Vergangenheit und Zukunft unterscheiden sich in einem wesentlichen Punkt:

Wenn wir grübeln, drehen wir uns im Kreis und wiederholen die immer gleichen Argumente – unser Herz verschließt sich und unsere Ansichten werden starr. Kluges Nachdenken hingegen öffnet den Geist, und unser Herz wird leichter.

Mit offenem Herzen und offenem Geist sehen wir mehr und kommen auf produktivere Lösungen: Wir sehen klar, dass die Kollegin ihren Bericht schon wieder nicht pünktlich erstellt hat, und wir dadurch selbst in Verzug geraten. Wir sehen aber auch, dass sie gerade Probleme mit ihren Kindern hat, und es fällt uns eher etwas ein, wie wir uns und die Kollegin entlasten können.

Grübeln verschließt das Herz.

Kluges Nachdenken öffnet Herz und Geist.

Gelassen älter werden

Wenn wir mit fünfundvierzig morgens vor dem Spiegel stehen und uns die Zähne putzen, kann uns der Gedanke durch den Kopf schießen: „Ich habe mir doch gerade erst die Zähne geputzt.“ Dann merken wir: „Ach ja, das war gestern.“ Ein kleines Grauen kann uns dann ergreifen, das Grauen vor der großen Langeweile des immer Gleichen. Woraus besteht unser Leben? Aufstehen, Zähne putzen, Kaffee trinken, frühstücken, arbeiten, Mittagessen, arbeiten, Zeitung lesen, ausgehen, lesen, Zähne putzen, ins Bett gehen, schlafen. Und das wiederholt sich mit kleinen Veränderungen sechzig, siebzig, achtzig Jahre lang. Wir können noch ein wenig meditieren und joggen, ein, zwei Mal im Jahr in Urlaub fahren oder eine interessante Fortbildung besuchen. Und das soll es gewesen sein? Und dann die Vorstellung – falls man an Wiedergeburt glaubt –, wiederkommen zu *müssen*, und alles geht von vorne los: Säugling, Kleinkind, laufen lernen, sprechen lernen, Kindergarten, Einschulung, Pubertät, erste Liebe, erwachsen werden. Wie lange haben wir in diesem Leben gebraucht, um herauszufinden, was wir wirklich wollen? Und wenn wir es endlich mehr oder weniger wissen und eine zufriedenstellende Lebensform gefunden haben, fängt alles wieder von vorne an? Nein, bitte nicht.

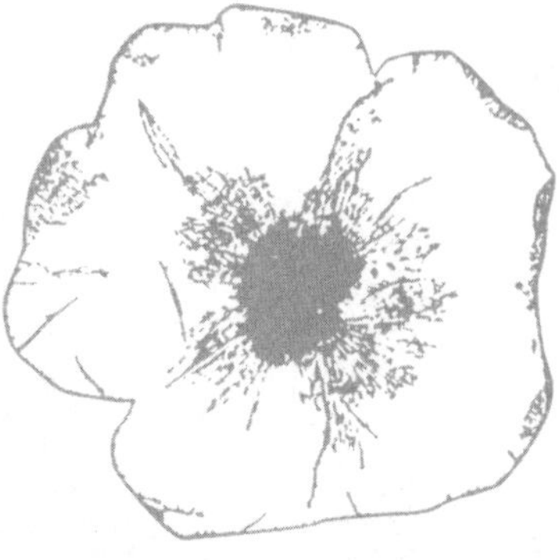

Dieser Augenblick ist kostbar

Aus dem Wissen um Vergänglichkeit erwächst eine tiefe Wertschätzung dessen, was jetzt im Augenblick ist. Wir verlieren die Lust zu vergleichen. Wir hören auf zu sagen: „Vor vier Wochen war es aber anders“ oder „Das ist genauso wie letztes Jahr“. Wir begreifen: Dieser Moment ist einmalig, so wie jetzt war es noch nie und

wird es nie wieder sein. Entweder ich erlebe diesen Moment jetzt mit meiner ganzen Aufmerksamkeit, oder ich verpasse ihn und er ist vorbei. Alles vergeht. Alles ist einmalig. Diesen Augenblick kann ich nur in diesem Augenblick erleben. Wenn wir abspülen, genießen wir das Abspülen. Wenn wir den Atem spüren, genießen wir das Atmen, und wenn wir müde sind, dann spüren wir die Müdigkeit. Das ist es, was jetzt ansteht: Müdigkeit spüren, Hunger spüren, Unruhe spüren, Frieden spüren, Atem spüren, abspülen, Brot beißen, Tee trinken. Was wir jetzt tun, ist das Wichtigste. Wenn wir innehalten und spüren, was gerade jetzt, in diesem Augenblick, an diesem Ort in uns geschieht, entsteht Freude. Freude kommt auf, wenn wir für einen Augenblick mit ganzem Herzen und allen unseren Sinnen bei der Sache sind.

Übung: Wie geht es mir?

Achten Sie manchmal darauf, wie Sie atmen? Schnell, flach, tief oder langsam? Wie Sie gehen? Sind Sie häufig in Eile? Laufen Sie die Treppen hinauf und hinunter? Erledigen Sie gerne „schnell noch“ dieses und jenes? Oder gehören Sie zu den gemütlichen Menschen, die sich eher gemächlich bewegen und sich sogar Zeit nehmen, wenn sie beim Zeitunglesen den Kopf heben? Wir können hin und wieder gezielt darauf achten, wie wir uns körperlich fühlen und wie wir uns bewegen. Wenn wir gehen, reden, sitzen oder liegen, können wir unser körperliches Befinden spüren.

Jeden Tag stellen uns andere die Frage: „Wie geht es dir?“ Worauf achten wir, bevor wir auf diese Frage antworten? Achten wir überhaupt auf etwas? Oder sagen wir einfach: „Danke, gut“? Wir können uns

jetzt fragen: „Wie geht es mir? Jetzt in diesem Augenblick?“ Wir können die Augen für einen Moment schließen und uns die Frage noch einmal stellen: „Wie geht es mir gerade?“ Was fällt uns zuerst ein? Spüren wir den verspannten Rücken? Oder einen Druck am Knie? Seufzen wir und erinnern uns an einen Wortwechsel, der uns heute verletzt hat? Haben wir das Gefühl, mit dem linken Fuß zuerst aufgestanden zu sein? Merken wir, dass wir den ganzen Tag nicht recht in Schwung kommen, müde und lustlos sind? Merken wir, dass uns vor tausend Ideen und Plänen der Kopf brummt?
Was fällt uns ein zu der Allerweltsfrage: „Wie geht es dir?“

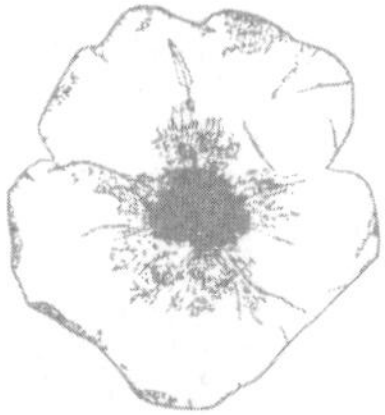

Quellenverzeichnis

Die in Klammern stehende Zahl bezieht sich auf den entsprechenden Text in der Originalveröffentlichung

Aus: Leichter Leben. Praktische Meditationen zum Umgang mit Gefühlen,Theseus 2002:
34 (34), 35 (44), 41 (136f), 44 (135), 46 (91), 54 (76ff), 75 (96f), 81 (90f), 88 (35f), 96 (131), 109 (139), 114 (107ff), 119 (117), 121 (136), 122 (133), 124 (151f), 130 (16f), 136 (105f), 142 (61f), 146 (114f), 151 (81f), 152 (112), 154 (150f), 156 (19f)

Aus: Worte wirken Wunder Reden mit Herz und Verstand, Theseus 2007:
22 (71), 24 (117f), 28 (51), 30 (100f), 33 (46), 38 (66), 40 (67) 91 (164), 93 (160), 95 (165f), 98 (79), 102 (143), 107 (137), 111 (23), 133 (108f), 139 (151f), 145 (26)

Aus Mut zur Muße und Freude am Tun, edition tara libre 2010 (zum Teil leicht verändert):
20 (31f), 36 (77), 48 (125f), 49 (14f), 51 (213f), 52 (172f), 57 (35f), 59 (36f), 60 (22f), 62 (23f), 63 (21f), 66 (137f), 69 (37), 72 (205f), 79 (199f), 83 (198f), 86 (191f), 105 (19), 112 (18f), 127 (31)

Weitere Veröffentlichungen von Sylvia Wetzel:

Das Herz des Lotos. Frauen und Buddhismus. 1999. Erweiterte und überarbeitet Neuausgabe. Edition Steinreich 2010

Hoch wie der Himmel, Tief wie die Erde. Theseus 1999. 2010

Sylvia Wetzel in der edition tara libre
www.sylvia-wetzel.de

Leichter leben. Meditationen über Gefühle. 224 S. 2002. Sonderdruck 2011.

Leichter leben. CD zum Buch. Sonderedition 2011.

Ich und Du. Sechs Vorträge. 180 S. 2006

Arbeit & Muße, Leben und Sinn. Eine Hommage an Hannah Arendt. 56 S. 2004

Die Vier Schleier. Der wilde Geist und die Natur des Geistes. Drei Vorträge. 60 S. 2006

Mut zur Muße und Freude am Tun. Vorträge und Übungen. 244 S. 2010.

© *privat*

Sylvia Wetzel

ist Publizistin, Meditationslehrerin und Mitbegründerin der Buddhistischen Akademie Berlin-Brandenburg. Zahlreiche Publikationen.